RALENTISSEZ

Choisir la lenteur et réapprendre à vivre

STÉPHANE SZERMAN
ISABELLE GRAVILLON
DELPHINE LE GUERINEL

Illustrations : ANNE DEFRÉVILLE

DUNOD

Création de couverture : Manon Bucciarelli

Mise en page : Belle Page

11 rue Paul Bert, 92240 Malakoff
www.dunod.com

ISBN 978-2-10-077592-7

Merci à Delphine, à mes enfants, et à tous ceux qui m'ont aidé à être ce que je suis enfin devenu...

SOMMAIRE

INTRODUCTION

« Il est grand temps de rallumer les étoiles »
Guillaume Apollinaire

Bonne nouvelle : si vous vous accordez le loisir de lire ce livre, votre cas n'est sans doute pas totalement désespéré ! Vous êtes prêt à sacrifier quelques heures de votre temps si précieux en réalisant de nombreux tests ainsi qu'en découvrant nos conseils pour ralentir et sortir de l'urgence. Votre temps est précieux certes, mais apparemment aussi problématique puisque vous rêvez de lenteur… Pourquoi nous retrouvons-nous aujourd'hui prisonniers du culte de l'urgence et condamnons notre vie à la « chronophagite aiguë » ? Cette maladie caractérisée par une carence temporelle s'installe insidieusement chez celles et ceux qui ne prennent pas un moment pour réfléchir à leur gestion du temps. Pourtant chacun devrait se souvenir que le temps ne respecte pas ce qui se fait sans lui ! Afin de comprendre et mieux combattre cette urgence de tous les instants et repartir à la conquête de votre temps, en toute conscience de vous-même, privilégiez le Cogito de Descartes « Je pense, donc je suis » plutôt que son détournement « Je panse, donc je fuis » ! Rassurez-vous, vous n'êtes pas seul(e) à souffrir de cette accélération qui peu à peu s'est infiltrée dans nos vies jusqu'à, pour certains, la régenter totalement. Partout dans le monde, de plus en plus de personnes tirent le signal d'alarme pour contraindre ce train d'enfer à ralentir : ils optent pour des initiatives pro-lenteur.

À la fin des années 1980, les mouvements Slow se sont emparés de la notion de lenteur pour faire entendre leurs critiques de notre société actuelle. Les aspirations des adeptes de la lenteur sont assez voisines de celles défendues par divers mouvements écologistes (environnement et développement durable ; mieux vivre ensemble par la restauration des liens sociaux ; valorisation des productions locales...). Cependant, la spécificité du militantisme slow repose sur sa résistance à la vitesse et à la vision court-termiste majoritaire aujourd'hui, en favorisant la lenteur, inséparable d'un authentique développement durable.

La promotion de la lenteur, soutenue à travers la médiatisation de cette notion par la presse, devient ainsi le vecteur d'expression d'une vive contestation des modes de vie actuels. Chacun observe que le « vite fait mal fait » et le « tout tout de suite » imposés par l'appétence de la vitesse sont assimilés à une volonté d'être « comme les autres » en revendiquant cette valeur moderne dominante qu'est la vitesse. Mais tout comme la lenteur qui pourrait devenir une valeur dominante un jour lointain, ces deux notions opposées renvoient à notre système de représentations psychiques. Force est de constater que chacun d'entre nous fait aujourd'hui de la lenteur une sorte de remède miracle face aux conséquences de la vitesse. Voilà que la lenteur se retrouve propulsée au rang même de valeurs promulguées, devenant ainsi l'étendard de la contestation des mouvements slow, alors qu'elle n'a pas encore été suffisamment mise en œuvre à plus grande échelle ! Il y a urgence à ralentir, mais aussi à réfléchir au statut du phénomène Slow en tant qu'alternative crédible face à notre société en crise ou en tant que simple effet de mode porté par les médias. Raison pour laquelle ce livre devrait permettre aux lecteurs de se faire une meilleure idée sur les mouvements Slow emblématiques, aux travers des présentations de ces derniers suivies d'exemples concrets.

Nous n'avons d'ailleurs qu'un objectif : faire mûrir la petite graine que vous portez tout au fond de vous qui aspire à la lenteur, en vous aidant à vous poser les bonnes questions. Ainsi, notre point de vue sur le rapport entretenu par chacun avec le temps consiste, tout d'abord, à encourager ceux qui cherchent à l'améliorer en leur proposant des exemples concrets à la portée de tous. Et pour ceux qui ne parviennent plus à ralentir, leur apporter une sensibilisation à la lenteur afin de mieux comprendre les leviers possibles pour retrouver un peu de contrôle sur eux-mêmes et leur gestion du temps perdu. Ce livre consistera plus à présenter les solutions pour décélérer face aux rythmes semblants s'être emballés qu'à dénoncer naïvement les éventuels coupables. Êtes-vous sérieusement prêt à partir à la reconquête de votre temps, même si cela suppose d'inverser la hiérarchie de certaines de vos valeurs actuelles et à vous démarquer des autres ? Que ferez-vous précisément de ce temps reconquis au travail, à la maison ou ailleurs ? Réfléchissons en guise d'introduction à notre besoin de vitesse.

La vitesse est vivement critiquée, facilement associée à un niveau de performance dévastateur, ou bien perçue comme responsable de l'exploitation de la planète par une hyperconsommation encouragée par un système économique ultralibéral. Détruisant tout sur son passage, l'existence à toute vitesse prive les hommes de leur capacité de s'inscrire entre un passé et un futur, en répondant « absent » au présent…

L'envie de vitesse ne serait-elle donc pas qu'une sorte d'addiction donnant l'illusion de la toute-puissance et de l'immortalité ? Hartmut Rosa dans son ouvrage *Accélération* formule que « si, jusqu'à présent, plus rapide était synonyme de meilleur, il se pourrait tout à fait que, dans la société de la modernité tardive, la lenteur devienne une marque de distinction ». Et si la lenteur devenait le « luxe » du futur ? Par exemple, le premier des mouvements Slow, la Slow Food est née en réaction aux *fast-foods,* pour prôner une cuisine simple, utilisant des produits des terroirs ayant eu le loisir d'arriver à maturité sans les avoir « forcés ». A suivi le mouvement Cittaslow (villes de la lenteur) combattant le bruit et la pollution pour offrir un cadre de vie où il fait bon de flâner. De ces deux mouvements réinventant des recettes lointaines, certains s'en sont inspirés pour donner un autre tour à leur existence : moins rapide, plus apaisée, plus sereine. Incapables de rester plus de dix minutes en place sans rien faire, à juste être assis sur une plage à rêver au lieu de regarder sans arrêt son portable pour savoir si une urgence arrive ou bien de patienter plus de 5 minutes à la table d'un restaurant sans avoir blâmé le serveur qui ne s'occupe toujours pas de nous. Il y a vraiment urgence à ralentir, non ?

Paradoxalement, alors qu'on vit de plus en plus longtemps avec l'impression de ne jamais avoir assez de temps, chacun d'entre nous a pu faire la désagréable expérience de se retrouver captif de cette course contre la montre... Les progrès technologiques ont modifié notre rapport à la temporalité, nous savions attendre la lettre du facteur, nous avions le temps de réfléchir avant de nous emparer de notre téléphone fixe. Ces changements ont induit une nouvelle source de stress : notre difficulté, voire notre incapacité à différer la satisfaction de nos besoins. Tout ou presque peut s'apparenter aujourd'hui à cette sorte d'état d'urgence. Qui plus est, sans effort pour ralentir vraiment, il devient donc impossible d'identifier nos réels besoins. L'avènement des nouvelles technologies a permis l'instantanéité, la rentabilité. Besoin de toujours courir, comme les autres ? Top chrono, à vos marques... Prêt ? Vraiment ? Pas une légère envie de ralentir ? Sommes-nous condamnés à entrer dans cette course quotidienne effrénée sans être apte à la contrôler ? « C'est comment qu'on freine ? » chantait jadis Alain Bashung...

« Ils ne savaient pas que c'était impossible, alors ils l'ont fait »

Cette citation de Mark Twain est un bon mantra de motivation pour commencer votre transition « slow ». N'avez-vous jamais caressé le rêve que tout s'arrête enfin ? Si oui, vous n'êtes pas les seuls à vouloir ralentir cette spirale temporelle infernale. Voilà pourquoi les initiatives pro-lenteurs ou Slow se développent depuis une trentaine d'années à travers le monde. Ces mouvements Slow ont proliféré pour constituer maintenant un véritable phénomène de société. Chaque mouvement Slow possède ses spécificités certes, mais garde un esprit pro-lenteur construit sur un socle commun avec des propositions de changement assez proches. Au fil des pages, vous découvrirez les mouvements Slow à travers leurs impacts sociétaux observés depuis. Passés au crible de notre regard critique, vous verrez plus précisément ce qu'ils représentent dans le quotidien de ceux qui ont fait le pari de la lenteur !

Arrêtons-nous un instant, donnons-nous donc le loisir d'imaginer un autre mode de vie et de vivre autrement avant d'atteindre un point de non-retour. Nos excès de vitesse engendrent un modèle de société qui doit nous interpeller dans sa globalité : crise financière et sociale, désastre écologique, peurs en tous genres ne font que renforcer les pathologies liées au stress… Le moment n'est-il pas venu d'opter pour une société plus fraternelle, égalitaire et respectant les libertés de tous ? Alors que ce constat est partagé petit à petit par un plus grand nombre chaque jour, les indicateurs convergent : surplus de productions, inégalités, surconsommation, pollution délétère pour notre planète, etc. ; que pouvons-nous faire ? Le questionnement sur les dysfonctionnements de nos sociétés dans le contexte actuel de mondialisation conduit à analyser les causes profondes qui animent les hommes vers un état d'urgence dans leurs motivations profondes à travers leur conditionnement social et éducatif. Nombreux sont les experts de la décroissance considérant que nous pouvons raisonnablement sortir du leitmotiv « le temps, c'est de l'argent », « travailler plus pour gagner plus », consommer plus, et se « droguer » plus… D'ailleurs, le « *Time is money* » de Benjamin Franklin est absurde car le temps restera toujours bien plus précieux que l'argent ! Les causes de cet emballement sociétal sont pourtant simples. Depuis une cinquantaine d'années, notre société s'est retrouvée plongée dans le bain de la mondialisation. S'en est suivi une accélération de nos modes de vie, tant au niveau individuel que collectif. Mais cette course chronophage caractérisée par une intensification de la temporalité nourrie d'instantanéité, d'hypertechnologie, et d'une hyperprésence à chaque instant nous comble autant qu'elle nous intoxique. La conséquence de cette effervescence numérique pour le plus grand nombre a favorisé l'émergence d'une sensation de toute puissance et la perte du sens de nos actions par manque d'analyse, de temps donné à la réflexion. La métaphore conceptuelle sur la « modernité liquide » portée par le philosophe et sociologue Zygmunt Bauman, décédé en 2017, prend ici toute sa valeur. En effet, au niveau de notre société en état d'urgence, l'unique référence devient progressivement cet individu intégré socialement par son acte de consommation. En illustration, face aux diverses problématiques imputables à la cyberdépendance, Zygmunt Bauman se plaisait à rappeler que « les réseaux servent autant à déconnecter qu'à connecter... ». Résultat : nous sommes petit à petit contraints à une certaine fragmentation identitaire à force d'essayer d'être ultra performant dans tout et le plus vite possible.

Est-on adapté à ces excès de vitesse ?

Force est de constater que l'être humain se retrouve autant déconnecté des rythmes naturels que de son environnement immédiat. Les mouvements Slow ont justement trouvé leur credo en proposant d'employer le temps de manière plus authentique, mais aussi et surtout en nous invitant à vérifier que le vrai plaisir humain ne naît pas de l'accumulation de choses acquises avec le soi-disant progrès... Tout le monde est à même de faire le constat que nos rythmes de vie ont subi d'importants bouleversements lors des dernières décennies et les nouvelles technologies, en nous rendant joignables vingt-quatre heures sur vingt-quatre, ont créé de redoutables interférences entre vie privée et vie professionnelle. De plus, le phénomène de mondialisation, surtout économique, a accentué l'esprit de compétition et engendré un sentiment de mal-être et d'exclusion chez les personnes se sentant sur la touche, voire hors-jeu. Malgré ce triste constat, nous faisons quotidiennement l'expérience de l'usure de soi et des autres due à cette course effrénée menée à un rythme d'enfer. Reconnaissons que la nostalgie d'un espace-temps plus harmonieux, moins subi, nous gagne alors à un moment ou à un autre. Alors il est l'heure de partir à la reconquête de notre temps. Au fil des pages, nous allons donner le temps au temps, ralentir, nous inspirant de la sagesse de l'escargot ou de la tortue…

TEST : QUEL EST VOTRE RAPPORT AU TEMPS ?

Avant de commencer, nous vous proposons un test simple et rapide, une sorte d'auto-diagnostique, afin de mieux connaître votre rapport spécifique au temps et les diverses conséquences sur votre vie. Ce test « connais-toi toi-même » vous aidera à porter un regard plus objectif sur votre manière de vivre.

1. Vos voisins vous invitent à un apéritif pour le soir même en vous croisant dans les escaliers :

a) Vous acceptez mais arrivez avec une heure de retard.
b) Je suis libre la troisième semaine du mois prochain, ça marche ?
c) Génial, à quelle heure ?
d) J'avais prévu autre chose mais c'est tellement gentil, je ne vais pas refuser !
e) Pas ce soir, je n'ai pas la force.

2. Au nouvel an, comment souhaitez-vous la bonne année ?

a) Vous écrivez quelques cartes à la fin du mois de janvier.
b) Vous envoyez un texto collectif, c'est tellement pratique !
c) Vous prenez le temps de souhaiter à chacun la bonne année avec un message personnel.
d) Avant toute chose, vous faites une liste pour n'oublier personne.

e) Vous n'avez pas envie de souhaiter du bonheur aux autres !

3. Au travail, quand vous devez faire une activité en équipe...

a) Vous êtes le dernier à vous y mettre.

b) Vous organisez le travail en répartissant les rôles.

c) Vous aimez bien ça, c'est l'occasion de passer un bon moment ensemble.

d) Pour ne pas retarder les autres, vous rédigez votre partie avant de travailler en groupe.

e) Quel pensum de supporter les autres !

4. Vous regardez votre série préférée à la télé quand le téléphone sonne...

a) Vous écouterez la messagerie plus tard.

b) Vous répondez en demandant qu'on vous rappelle à la fin de votre série.

c) Vous débranchez votre téléphone pour ne plus être dérangé.

d) Vous décrochez quand même, au cas où...

e) Vous ne répondez pas et allez vous coucher trop contrarié d'avoir été dérangé !

5. En faisant vos courses, vous croisez un ancien collègue, que lui proposez-vous ?

a) Donne-moi ton numéro que je t'appelle un de ces jours !

b) Voyons-nous la semaine prochaine, mardi entre 15 h et 15 h 30.

c) On se voit samedi si tu veux, à l'heure qui t'arrange.

d) Si tu veux on prend un verre, lui proposez-vous alors que vous aviez prévu autre chose.
e) Vous l'évitez en regardant ailleurs.

6. Vous venez de présenter un rapport devant vos chefs. En guise de conclusion, vous dites…
a) J'ai manqué de temps pour préparer mais j'espère avoir été clair.
b) Ça fait 3 jours et 3 nuits que je travaille sur ce rapport…
c) Notre société a toutes les chances de réussir ce projet. Mon rapport tient compte de l'ensemble de vos attentes.
d) Si c'est nul ne m'en voulez pas…
e) Quelle barbe ce rapport !

7. Pendant le week-end, vous adorez :
a) Penser à ce que vous ferez le week-end suivant.
b) Ranger la maison, payer les factures et terminer 1 001 choses.
c) Lire un bon livre en prenant un bain.
d) Aider vos proches qui ont besoin d'un coup de main.
e) Rester au lit toute la journée, sans vous laver ni vous habiller.

8. Pour vous, faire la grasse matinée, c'est…
a) Un bon moyen pour échapper à tout ce que vous avez à faire !
b) Une perte de temps.
c) Une façon agréable de récupérer.

d) Un peu de temps volé, rien que pour vous.
e) Une manière d'oublier les soucis.

9. Un bon copain vous propose une balade en forêt, vous lui dites :

a) Pourquoi pas, je te rappelle quand j'en sais plus sur la météo.
b) On essaye de se voir le mois prochain, je serai plus libre.
c) Super, ça m'aidera à décompresser !
d) Bien sûr, c'est tellement sympa de penser à moi.
e) Non merci je dois me reposer, ce n'est pas la forme.

10. Un collègue a besoin d'un conseil de travail pendant le week-end, vous lui répondez :

a) Est-ce que ça peut attendre un peu, le week-end est déjà chargé…
b) Impossible, fais-moi un mail avec ton problème.
c) Bien sûr, retrouvons-nous un moment si c'est vraiment important.
d) Pas de problème, je suis là pour t'aider.
e) Désolé, je dois récupérer de ma semaine épuisante.

11. Un proche vous demande un conseil pour sa vie sentimentale :

a) Je ne sais pas quoi te dire maintenant, voyons ça plus tard…
b) Désolé, je n'ai pas le temps de réfléchir à ton problème.
c) Explique-moi la situation, on va trouver une solution.

d) Je viens de divorcer, je suis assez déprimé mais tu peux compter sur moi.
e) Laisse tomber, l'amour n'apporte que des ennuis !

12. Une amie vous propose de faire les soldes le soir même, pour le dernier jour :
a) On verra ça l'année prochaine, je n'ai besoin de rien.
b) Trop tard, j'ai déjà plein de choses à faire ce soir.
c) Génial, il y aura peut-être de bonnes affaires !
d) Je t'accompagne si ça peut te faire plaisir.
e) Non merci, trop de monde dans les magasins…

13. Vous avez un rendez-vous avec un ami :
a) Vous partez de chez vous à l'heure du rendez-vous.
b) Vous prévoyez une marge de sécurité d'une demi-heure, au cas où…
c) Vous arrivez à l'heure pile.
d) Surtout vous ne voulez pas faire attendre votre ami.
e) Vous annulez au dernier moment.

14. Vous avez une demi-heure devant vous pour abattre une montagne de choses.
a) Ce n'est pas un souci, j'y arriverai bien.
b) J'annule la sortie prévue, je ne peux pas me permettre de perdre de temps.
c) Je n'aurai pas le temps de tout faire, je commence par le plus urgent. Avant de faire mon repassage je vais d'abord faire les courses de la voisine.
d) Je ne fais rien, de toute façon c'est impossible.
e) Je préfère aller faire une sieste !

Résultats

Il vous reste maintenant à comptabiliser le nombre de A, de B, de C, de D, et de E obtenus. C'est fait ? Reportez-vous au paragraphe qui s'applique à vous… ce qui ne vous empêche pas de lire les autres ! Qui sait, l'un de vos proches particulièrement brouillé avec sa montre appartient plausiblement à un autre profil que le vôtre. Savoir comment fonctionne votre conjoint, vos enfants, vos amis, ou un collègue n'est aucunement une information inutile…

Vous avez obtenu une majorité de A

Vous ne faites pas excellent ménage avec le temps, c'est le moins qu'on puisse dire ! Votre phrase favorite pourrait être : « on verra bien demain ». Votre philosophie de vie consiste à toujours tout remettre au lendemain, vous êtes le roi des procrastineurs ! Planifier, organiser vos activités ne fait pas partie de vos réflexes, cela relèverait même plutôt de l'aberration dans votre mode de pensée. Avec ce fonctionnement plutôt à l'opportunité et à l'improvisation, vous préférez vivre dans l'instant, selon aussi votre bon plaisir que vous ne semblez pas du tout prêt à sacrifier.

Les conséquences sur votre vie : bien que le temps soit en apparence le cadet de vos soucis, il ne vous en cause pas moins certains problèmes… Vous vous retrouvez régulièrement avec des échéances que vous n'arrivez pas à honorer. Vous arrivez sans cesse en retard à vos rendez-vous ce qui exaspère votre entourage. Persuadé que le temps est extensible à l'infini, vous avez tendance à enchaîner projet sur projet, en les menant d'ailleurs rarement à leur terme. Et à force de tout faire à la dernière minute, vous êtes perpétuellement pressé et n'avez même plus une minute pour penser à vous et aux autres. Est-ce que tout cela en vaut la peine ? Vous aimez à vous persuader que cela s'arrangera plus tard. Pas si sûr… Vous avez certainement une problématique d'engagement ou de manque d'intérêt. Mieux vaudrait peut-être mettre un coup d'arrêt à cette fuite en avant, ou tout du moins d'avoir le loisir d'y réfléchir. La peur de l'échec, la crainte d'aller au bout de ses projets et d'être confronté à une éventuelle déconvenue peuvent parfois expliquer ce type d'emballement.

Vous avez obtenu une majorité de B

Impossible de vous prendre en faute : sans retard, vous honorez toujours les délais. Pour vous, le temps c'est de l'argent et vous le gérez en cherchant avant tout l'efficacité et la rentabilité. Plus vous le remplissez, plus vous jubilez ! L'imprévu vous met particulièrement mal à l'aise : vous préférez l'écarter d'un revers de manche plutôt que de tenter de l'intégrer dans votre planning qui ne se caractérise pas vraiment par la souplesse.

Les conséquences sur votre vie : certes vous avez la maîtrise. Certes vous avez la sensation que rien ne vous échappe. Mais au final n'êtes-vous pas complètement prisonnier de ce temps que vous pensez à tort dominer ? Où est votre liberté quand l'imprévu est interdit de faire partie de votre vie ? On est aussi en droit de se demander si le remplissage, si efficace soit-il, est vraiment compatible avec la qualité… Si vous y parvenez, essayez de prendre ne serait-ce que quelques minutes pour imaginer à quoi pourrait ressembler votre vie si vous acceptiez parfois de débrayer. En vous autorisant des brèches dans les emplois du temps qui vous enserrent, vous auriez éventuellement tout loisir de rencontrer réellement les gens, de vivre des moments authentiques. Mais c'est peut-être justement cela qui vous effraye ?

Vous avez obtenu une majorité de C

Rien à dire : vous gérez votre temps de manière parfaite ! Vous entretenez avec lui une relation particulièrement équilibrée. Réaliste, vous ne chargez pas inutilement la barque en prévoyant plus que vous ne pourrez effectuer. Libre, vous ne vous laissez pas enfermer dans des contraintes horaires et restez toujours ouvert à la surprise et l'imprévu. Organisé, vous savez hiérarchiser les tâches et vous fixer des priorités. Ferme, vous savez vous protéger des autres quand ils vous envahissent. Bon vivant, vous savez vous accorder des moments de break et de récupération. En un mot, bravo !

Les conséquences sur votre vie : si l'on n'avait pas peur des gros mots, on pourrait presque dire que vous flirtez avec le bonheur ! Cette sereine maîtrise du temps vous permet en effet d'accéder à un bien-être certain. Vous êtes bien avec vous-même, mais aussi avec les autres auxquels vous avez le loisir d'être attentif. Le temps n'étant pas vécu comme une contrainte, vous envisagez l'avenir avec optimisme et gourmandise, convaincu que de belles choses peuvent vous arriver à tout moment. Surtout ne changez rien et tâchez de contaminer votre entourage, de lui transmettre le mode d'emploi !

Vous avez obtenu une majorité de D

Vos proches peuvent tout vous demander, vous répondez toujours présent. Même si c'est à votre détriment, même si cet altruisme vous empêche systématiquement d'écouter vos propres envies. Votre temps ne vous appartient plus, vous en avez délibérément fait don à autrui. Vous êtes intimement convaincu que votre bonheur passe par celui des autres. Et peu importe si votre agenda ne prévoit pas la plus petite minute rien que pour vous et vos désirs. Du moment que vos collègues, votre conjoint, vos enfants, votre famille, vos voisins sont satisfaits, vous n'en demandez pas plus.

Les conséquences sur votre vie : l'humain n'ayant pas a priori le goût du sacrifice gratuit, demandez-vous quels bénéfices vous tirez à être ainsi sans arrêt débordé du fait des demandes incessantes et pressantes des autres… Trouvez-vous dans ce mode de fonctionnement le sentiment d'être une personne importante pour votre entourage, ou même indispensable ? Est-ce une façon de vous rassurer sur l'amour qu'ils vous portent ? Il est possible qu'on vous aime tout autant, si ce n'est mieux d'ailleurs, si vous écoutiez vos souhaits profonds, si vous osiez vous donner du temps à vous sans culpabiliser. Il n'y a rien de mal à poser des limites à son entourage pour sauvegarder un peu d'espace libre pour soi. Cette démarche est même nécessaire à un bon équilibre de vie. À offrir tout son temps aux autres, le plus souvent sans contrepartie, on court le risque de se perdre et de nourrir une certaine rancœur contre ceux qui vous empêchent de vivre à votre rythme.

VOUS AVEZ OBTENU UNE MAJORITÉ DE E

Au premier abord, le temps semble avoir assez peu de prise sur vous. Tranquille, vous n'hésitez pas à traîner des journées entières sans rien entreprendre ! Seriez-vous un authentique champion de la lenteur ? Sans doute plutôt une de ses victimes… Car cette lenteur, vous la subissez : faute de savoir comment remplir le temps qui s'offre à vous, vous avez tendance à vous enfermer sur vous-même, à vivre dans une sorte de ralenti neurasthénique. Pour vous, temps libre rime avec vide, absence de sens, source d'angoisse. Impossible pour vous d'en profiter sereinement.

Les conséquences sur votre vie : vous n'êtes pas menacé par le surmenage ! Votre problème n'est pas de décélérer mais davantage de donner un petit coup d'accélérateur : quand la lenteur commence à ressembler d'un peu trop près à de l'immobilisme, il y a péril en la demeure ! Prendriez-vous de grand risque à vous faire plaisir plus souvent ? Une partie de la solution passe en effet sans doute par-là. En vous forçant à entreprendre une activité dont vous savez qu'elle pourrait vous faire plaisir ou qu'elle vous a apporté du plaisir à un moment de votre vie, vous pourriez reprendre en mains votre emploi du temps. Et ainsi, ne plus vous contenter de le subir.

Ces quelques lignes ci-dessus sur votre rapport au temps en général et au travail en particulier ont a priori mis le doigt là où ça fait mal… Tel n'en est pas le but. Elles ont simplement pour vocation de vous aider à amorcer une réflexion qui sera forcément très personnelle et ne pourra se résumer aux résultats d'un test. La balle est maintenant dans votre camp !

1

LE TEMPS S'ACCÉLÈRE-T'IL ?

« La vitesse est la forme d'extase dont la révolution technique a fait cadeau à l'homme » Milan Kundera

« Vite, vite, je suis pressé ! » On a souvent l'impression de ressembler au fameux lapin toujours en retard d'Alice au Pays des Merveilles, l'œil sans cesse rivé à sa montre à gousset, la bouche déformée par un rictus anxieux à l'idée de se laisser distancer par les aiguilles. Voilà de quoi ont l'air nos vies : une course-poursuite contre le temps… perdue d'avance. Le temps s'accélère tout en nous étant compté ! Comment en est-on arrivé là, individuellement et collectivement ? Comment est-on devenu à ce point esclave de la vitesse et de l'accélération ? Une longue histoire qui ne date pas d'hier…

À LA MESURE DU TEMPS QUI PASSE

D'une certaine manière, nous sommes condamnés depuis longtemps à nous transformer en victimes des montres et horloges. Dès le jour où l'homme a cherché à domestiquer la durée en la mesurant, la lenteur et les heures qui s'écoulaient librement hors de tout cadre se sont mises à incarner des combats d'arrière-garde. Tout a commencé durant la préhistoire, avec un simple bâton planté dans le sol afin d'observer les variations de la longueur de son ombre. Puis sous l'Antiquité, le bâton fut équipé d'une planche graduée : le cadran solaire était né.

Tout au long de l'histoire, les scientifiques des différentes époques n'ont ensuite cessé de rivaliser d'inventivité pour assujettir ce temps qui leur filait entre les doigts. Horloges à eau, bougies graduées, sablier : des innovations qui ont scandé les siècles, jusqu'à l'apparition de l'horloge mécanique, sans doute vers 1300, née dans la tête d'un illustre inconnu. Il ne restait plus qu'à adjoindre à cet instrument, encore rudimentaire, un système de cadran avec une aiguille : ce fut fait au XVIIe siècle et cette fois-ci, le temps était définitivement prisonnier. Les améliorations contemporaines, de l'horloge électronique à la montre à quartz ne sont venues qu'entériner cette captation. Mais comment résister à la pression temporelle dès lors qu'on sait le mesurer au millième de seconde près, qu'il nous entoure à grand renfort de cristaux liquides et autres prouesses technologiques ? À force de vouloir mesurer le temps et le soumettre, nous avons fini au contraire par nous installer en situation de dépendance vis-à-vis de lui, voire d'aliénation. On comprend bien toute la portée de ce proverbe italien : « L'homme mesure le temps, le temps mesure l'homme. »

UN PEU D'HISTOIRE...

Si le temps a pris le pouvoir sur nous, c'est sans doute aussi en raison de son caractère quasi sacré. À de nombreuses époques, les religieux se sont emparé de la mesure du temps. Ainsi, dans les monastères bénédictins du Moyen-Âge, la journée était divisée en « sept instants de Dieu », sept moments de prière rappelés aux moines au moyen de cloches. Ces concerts de carillons profitaient à toutes les populations alentour, octroyant aux religieux le rôle officiel de donneurs de temps. Ce dernier est alors devenu intouchable, auréolé d'une sorte de sceau divin.

Les religieux ne se sont pas privé non plus de régenter les calendriers, plaçant çà et là au fil des mois des fêtes religieuses incontournables, que chacun avait le devoir de respecter. Le repos hebdomadaire a été fixé à un dimanche et par conséquent le labeur concentré sur les autres jours parce que c'est un dimanche que Jésus a ressuscité. Mesurer le temps, l'imposer à tous, diriger les emplois du temps, tel a été le rôle des ministres de Dieu.

Même si la religion a largement perdu de son influence dans nos sociétés modernes, il n'en demeure pas moins que l'inconscient nous mène la vie dure ! Plus ou moins active dans les esprits, demeure très ancrée l'idée que le temps ne se gaspille pas, qu'il est un bien précieux dont on n'est pas maître, qu'il ne nous appartient pas totalement. D'ailleurs, un jour ou l'autre, il faudra rendre son tablier d'apprenti ! Notre vie est en effet marquée par un début et une fin. Cette vision très linéaire de l'existence, dictée par la tradition judéo-chrétienne, ne peut qu'accélérer le rythme. Beaucoup pensent que si notre existence sur terre est limitée, il convient de la remplir au maximum, en profiter autant que possible. Mais nous ne sommes pas obligés pour autant, grâce à notre libre arbitre et à notre capacité à choisir, de basculer frénétiquement dans l'urgence d'un monde hyperconnecté !

Chez les bouddhistes ou les hindoues qui considèrent le temps comme un éternel recommencement et en ont une conception beaucoup plus cyclique, la précipitation n'est pas de mise. À quoi bon s'agiter et se presser puisqu'il n'y a ni début ni fin mais une tranquille et sereine continuité ? La philosophie zen nous apprend à être Ici et Maintenant ; un bon antistress dans une société en surchauffe permanente. D'où la zen attitude !

Malgré tout, tant que la culture de la terre a constitué l'activité principale d'une immense majorité de la population, la vitesse n'a eu qu'à bien se tenir. On n'avait d'autres choix que de s'en remettre au temps naturel, de respecter les saisons et les aléas climatiques, vivre au rythme du lever du soleil et de son coucher. Un champ de blé ne pouvait mûrir plus vite que la nature ne l'avait décidé ! Mais l'industrialisation et la mécanisation sont venues bouleverser la donne. Locomotives à vapeur et machines à outils : autant d'inventions qui ont irrémédiablement raccourci les délais. C'est en grande partie à l'industrialisation et son corollaire le capitalisme que l'on considère la rapidité comme une richesse et la lenteur comme un handicap. À partir du moment où les machines se sont mises à effectuer le travail de cent hommes en dix fois moins de temps qu'eux, comment rivaliser… si ce n'est en augmentant toujours plus les cadences de travail ?

Une théorie économique, le taylorisme, a d'ailleurs officiellement entériné cette tendance à la fin du XIXe siècle. On a tous en tête l'image amusante de Charlie Chaplin dans le film *Les Temps modernes*, ouvrier dans une usine, répétant inlassablement le même geste sur une chaîne de montage à la manière d'un robot. L'idée était simple : affecter un travailleur à une tâche unique dans le but que cette ultra spécialisation le conduise à l'effectuer de plus en plus vite. À partir de là, on a considéré que le temps devenait de l'argent. Les notions de rentabilité et de productivité, avec le plus de production possible, en moins de temps possible, ont battu toutes les autres en brèche. Bienvenue au royaume du profit et des cadences infernales, voici venir la révolution industrielle et son temps universel, annonceur de l'esclavage des temps modernes !

À ce niveau-là, rien de nouveau... Deux siècles passés à produire des innovations technologiques nous permettant sans cesse de gagner du temps. Et ce, aussi bien dans les transports que dans les communications, en passant du cheval à la voiture, du courrier à l'internet ou du télégraphe au portable. Ces bouleversements dans nos rythmes de vie ont eu des impacts forts tant au niveau domestique que professionnel. Aujourd'hui, bien maîtrisé, le numérique est devenu un formidable outil de travail, tant personnel que professionnel en facilitant nos tâches et en augmentant nos possibilités d'échanges. Mais, sans un bon usage de la modération associée au temps dédié aux objets connectés, l'usage du numérique n'est pas sans risque, pouvant pousser certaines personnes vers une forme d'addiction au virtuel... La notion d'addiction utilisée ici se définira essentiellement par l'évaluation du niveau de souffrance ressentie par ces personnes. Au lieu de nous rendre la vie plus facile, voilà qu'au contraire, cela nous a tous forcé à maximiser nos tâches dans le moins de temps possible ! Des gains de temps en faveur de gains de productivité. Finalement, au lieu d'en faire autant en moins de temps, la réponse aux progrès fut d'accélérer pour en faire plus en autant de temps. Toujours plus et le plus vite possible : Superman et Wonder woman en action.

De surcroît, en quittant les champs pour les usines, les campagnes pour les villes, on ne pouvait qu'y perdre un certain esprit de flânerie propre au milieu rural et à ses paysages. Ainsi, l'urbanisation du XIXe siècle a obéi, tout comme l'industrialisation, à des besoins d'efficacité et de rationalité : loger le maximum de gens dans un minimum de mètres carrés, leur apporter sur place tous les services et commerces dont ils pourraient avoir besoin. À l'époque, l'aménagement d'espaces verts et de lieux de ressourcement dans la cité aurait fait figure d'hérésie. On ne se promenait pas dans une ville, on n'y flânait pas : on y venait et on y vivait de manière purement utilitaire, pour y travailler.

Beaucoup plus tard, l'urbanisme contemporain a imaginé le concept de rues piétonnes, et malheur à ceux voulant y déambuler, sans but précis, seulement pour tuer le temps… Ces nouveaux espaces avaient en fait une finalité commerciale : encourager la consommation, la faciliter, rendre les commerces attractifs. Pas plus qu'hier donc la ville n'incite aujourd'hui à l'oisiveté. Tout au contraire elle évoque la rapidité. Le métro qui file sous terre, le tramway qui fonce sur ses rails… pendant que les voitures trépignent dans les embouteillages en une cacophonie de klaxons, frustrées de ne pas être autorisées elles aussi à cette célérité. Décidément, la cité appartient avant tout à ceux qui se pressent. Revenons un peu sur cette aliénation.

Souvent perçue telle une dépossession de la personne, et la perte de maîtrise de ses capacités propres au profit d'une autre, l'aliénation révèle avant tout une inauthenticité de l'existence vécue par la personne dite aliénée. À l'origine, l'aliénation, au sens propre du mot, se résume à une perte de contrôle, à cause d'une maladie mentale, d'où le terme d'aliéné. Depuis les années soixante, ramenée à notre société de consommation dans laquelle la mise à disposition quasi infinie d'objets aurait pu nous libérer du manque, notre aliénation n'a fait que le renforcer face au surplus de consommation. Dommage, non ?

Petit à petit, l'obtention d'objets pour l'objet est devenue un but. En effet, force est de constater que l'acquisition d'un objet n'est plus seulement un moyen de résolution d'un besoin, mais bel est bien un besoin en soi. Lionel Pourtau, éminent sociologue et ami, y voit un drame sociétal majeur puisque « si la résolution d'un besoin n'est plus l'objectif, alors le désir et donc le manque sera infini. Cette aliénation matérielle se décline aussi en aliénation temporelle. Le temps nous manque pour réaliser nos projets et nous réaliser dans la vie. »

Mise à part l'évolution de la culture dans laquelle on baigne et qui influence, comme déjà vu, notre changement de rapport au temps, le progrès technique y est donc pour beaucoup dans notre « évolution ».

Quant aux toutes dernières avancées technologiques, elles ne sont pas là non plus pour ralentir le mouvement. Grâce aux satellites puis à Internet, nous vivons à l'heure de l'immédiateté, prisonniers d'une révolution digitale inéluctable, celle du Big Data (recueil et exploitation d'ensembles de volumes inégalés de données posant des défis d'intégration et de traitement) Mais à qui cela va-t-il profiter ? Chacun devra veiller à ce nouveau partage de données en comprenant les multiples enjeux afin de choisir son rapport avec les géants d'Internet (Apple, Microsoft, Google, Facebook, Twitter, Amazon, YouTube, Netflix, etc.) qui suscitent notre soif d'hyperconnexion et d'hyperconsommation…

Alors qu'il fallait jadis des mois pour qu'un courrier parvienne du Nouveau monde à l'Ancien, la communication via les mails se fait aujourd'hui presque instantanément. De même pour le plus petit événement qui survient à l'autre bout de la planète : il est connu chez nous, grâce à la célérité du flux internet, moins d'une minute plus tard.

La technologie moderne rime avec vitesse supersonique et ne saurait s'accommoder de la moindre pause, du moindre retard. Et peu importe si cette rapidité ne nous laisse plus tellement de moments de réflexion, qu'elle nous contraint à des analyses « à chaud » donc hasardeuses, du moment qu'on ne nous fait pas attendre… Que penserait-on d'un journaliste qui, en direct d'une catastrophe tout juste arrivée, déclarerait : « Je ne vous dirai rien dans l'immédiat mais reprendrai l'antenne d'ici quelques heures, le temps d'observer, de me faire une idée » ? On le prendrait pour un fou, à coup sûr, ou tout au moins un profanateur de la sacro-sainte instantanéité ! Pourquoi faudrait-il patienter tandis que la technologie a la capacité de tout, que le « direct » et le « temps réel » sont devenus des religions dans nos sociétés occidentales modernes ? S'offrir un peu d'espace-temps, simplement celui du recul et de la prise de distance, reviendrait-il à nier le progrès ? Pas question de courir le risque de l'archaïsme !

Du côté de la psychologie

Mais l'économie, l'urbanisation et la technologie ne sont pas les seules responsables de l'accélération de nos vies. Les explications sont aussi à rechercher du côté du psychisme et de l'affectif. Toutes générations confondues, car il ne faudrait pas croire que cela ne s'applique qu'aux enfants et adolescents, nous faisons preuve d'une incroyable intolérance à la frustration si nous ne parvenons pas à satisfaire nos envies. C'est en croyant gagner du temps qu'on en a perdu ! Le progrès technologique, générateur de tout un tas d'obligations et de désirs, nous fait certes gagner du temps, tout en nous faisant ressentir son manque perpétuel... Sur-stimulations et ultra-sollicitations font partie de notre quotidien au sein duquel la plus courte attente reste de l'ordre de l'insupportable. C'est la philosophie du « tout, tout de suite ou je fais un malheur ! », la technique du bas de laine de nos grands-mères est devenu l'ultime affront remplacé par la course aux crédits à la consommation. Le projet longuement mûri et réfléchi fait pâle figure à côté de l'intuition immédiate. Et en amour, celui qui aurait l'idée saugrenue de faire sa cour tranquillement n'aurait que peu de chance de séduire. Il serait sans nul doute coiffé au poteau par un rival adepte d'un discours beaucoup plus direct et rapide : tu me plais, je te plais, à quoi bon attendre ? Plus possible de laisser du temps au temps !

Ce « Tout, tout de suite », sorte de hold-up sur le temps, nous rend, individuellement et collectivement, captif de l'urgence de l'hyperconnexion conduisant à effectuer toujours plus d'actions dans la même unité temporelle. En faire toujours plus sous peine d'avoir raté sa vie, avant même, le plus souvent, de l'avoir déjà construite, nous pousse à intensifier, densifier pour réussir notre vie ! Ce désir de performance, mené à l'excès, produit individuellement du stress et des troubles du sommeil pouvant évoluer vers un versant anxio-dépressif et professionnellement, à des pathologies dites de surcharges conduisant parfois malheureusement au syndrome d'épuisement professionnel... Nous reviendrons sur ces diverses somatisations un peu plus tard. Rien ne presse maintenant.

De plus en plus étonnant de constater que même sur le terrain de la psychothérapie, le désir magique de guérison des pathologies liées à l'accélération du temps pousse ceux qui décident de consulter un « psy », à fuir la psychanalyse qui les mobilisera des années au profit des thérapies brèves.

De l'impatience et du caprice

Peut-être faut-il remonter aux années de guerres et d'immédiates après-guerres durant lesquelles les générations antérieures ont dû faire face aux manques et aux privations pour comprendre ces défauts qui sont les nôtres. Comment résister ensuite à l'abondance des Trente Glorieuses puis celle encore plus trompeuse de notre actuelle société de consommation ? Plus personne n'a envie de dire « non, attends un peu » à ses enfants ou petits-enfants. Puisque tout est à portée de main, pourquoi ne pourrait-on pas se servir sans délai ? Et puis dire « non, attends un peu » alors que tout le monde dit « oui, tout de suite », c'est prendre le risque d'être moins aimé, voire rejeté. De nos jours, éduquer différemment ses enfants semble rarement bien vu…

Seulement voilà, à force de grandir sans rencontrer aucun « non » ni aucune limite, les enfants d'hier devenus adultes, ont fini par intérioriser cette culture de la toute-puissance basée sur la satisfaction d'un désir à peine émis, sans pour autant accepter l'épreuve du temps. Tout cela s'est transformé en une seconde nature, un réflexe ! Il est en effet très probable que le rythme endiablé qui est le nôtre a quelque chose à voir avec le recul de l'autorité qu'on observe dans les familles depuis une trentaine d'années. La famille surconnectée a sans doute perdu dans la mobilisation de ses capacités internes à résoudre des problèmes : la réponse à ces derniers est cherchée rapidement sur le net, sans le partage en famille d'autrefois. Plus de temps pour ça ?

Certes, la vitesse nous grise, mais par moments elle nous grille et nous tue. La boulimie et l'insatiabilité sont des penchants humains auxquels nous adorons tous céder. Mais derrière cette précipitation à multiplier les activités se cache probablement une indicible angoisse du vide. Éviter de se confronter à l'ennui, enrager contre la perte de temps, deviennent alors des obsessions perpétuelles. Pour perdre le minimum de temps, en toute logique, on fait beaucoup et rapidement pour avoir l'agréable sensation d'en gagner au maximum. Ainsi, nous vivons dans une temporalité maximisée, ultra-remplie. Pour l'homme moderne, la quête de l'objet du désir est devenue de plus en plus fondamentale. On a besoin perpétuellement de se dépêcher, de faire plus vite le plus de choses pour ne pas renoncer à faire comme les autres, et pour avoir une délicieuse impression de toute puissance. Des envies où l'illusoire prend la mainmise sur ce qui est réellement important, essentiel, et où l'éphémère nous empêche toute construction durable. Cet état d'urgence nous procure l'ivresse et l'illusion d'une emprise sur le temps.

Une manière d'éloigner ou de tenir à distance la mort ? Le surinvestissement dans les multiples actions menées devient un mécanisme de défense mobilisé pour traiter la violence que nous inflige le réel. Malheureusement, en se rendant addicts à la maximisation du temps vécu, nous ne comblons qu'artificiellement l'angoisse du vide sans jamais lui répondre « présent » !

Une vie de dingue !

Cependant, cette mouche porteuse d'urgence qui nous a piqués nous interdit la lenteur mais ne semble pas pour autant nous apporter l'épanouissement. Cette fameuse accélération évoquée depuis quelques pages pose très nettement la question du sens de nos actions. Accélérer, d'accord ; mais pour quoi faire ? Pas le loisir de réfléchir et voilà que les maladies du temps nous guettent…

Les corps parlent d'eux-mêmes et crient à travers de nombreux symptômes à quel point cet emballement est nocif et à quel point il serait urgent de ralentir. Les stress, les migraines, la fatigue, l'épuisement, les ulcères, l'anxiété, les insomnies, les dépressions : autant de manifestations psychosomatiques qui illustrent les conséquences catastrophiques pour la santé de ce rythme effréné.

L'obésité est sans doute l'un des signes les plus visibles de ce rapport névrotique que nous entretenons avec le temps. De plus en plus de familles ne se donnent plus le loisir de cuisiner, de passer à table pour partager ensemble un repas en famille. Pas de place pour ça : on décongèle, on ouvre des boîtes, on grignote sur un coin de table à la va-vite, chacun de son côté. Et pour certains, se remplir de nourriture est une façon de lutter contre le vertige qui s'empare d'eux face à une vie qui va trop vite, de lutter contre leur angoisse de ne pas parvenir à suivre le rythme.

La solitude, les conflits avec l'entourage sont d'autres symptômes de ce mal-être. La rapidité ne fait en effet pas bon ménage avec les relations humaines. En amour, en amitié ou pour éduquer, il convient de se poser pour écouter les autres, pour leur parler. Difficile de se contenter d'un mail, d'un SMS ou d'un « je te rappelle plus tard », certes pratiques et rapides mais insuffisants pour nourrir une relation. Or si l'on perd le lien avec les autres à cause de l'hyperconnexion, tôt ou tard, c'est avec soi-même que l'on perdra toute connexion. À toujours foncer, on finit effectivement par se perdre de vue… Et avec l'avènement des réseaux sociaux, force est de constater qu'on en arrive à un réel paradoxe consistant à mieux connaître ceux qui nous sont loin, nos « amis », et sommes de plus en plus loin de mieux connaître ceux qui nous sont proches !

Tout pour moi, rien pour les autres

Enfin, notre époque souffre d'une forme de dictature : celle de l'individualisme et de la réalisation personnelle. Un vocabulaire qui n'existait pas il y a une trentaine d'années et qui est aujourd'hui devenu un passage obligé. Pour réussir sa vie, obligé de se réaliser en tant qu'individu, de satisfaire ses besoins profonds. Pas seulement avoir une activité et un toit comme cela pouvait être le cas pour les générations antérieures. Plus personne ne s'en contenterait. Désormais, il faut aussi faire du sport, suivre des cours d'œnologie, participer à un club de théâtre, voyager, s'instruire, se distraire etc. Les besoins se sont multipliés, diversifiés. Pour notre plus grand bonheur ? Pas si sûr, car le temps, lui, n'est pas élastique… Nous voilà donc captifs de plannings surchargés, victimes de nouvelles obligations existentielles.

Sans compter les dix vies qu'on doit vivre en une seule ! Jadis, on se mariait pour le meilleur et pour le pire, en tout cas pour toute l'existence. On effectuait toute sa carrière au même endroit. Aujourd'hui, on change de partenaire et de métiers quelques fois dans une vie et ce, souvent en bougeant, en repartant à zéro, sans perdre une minute pour ne surtout pas se laisser distancer par les autres qui continuent d'avancer. Après une séparation, prend-on la mesure pour comprendre son échec, de se réparer, de se ressourcer ? Rarement. On enchaîne sans se poser de peur d'être pris pour un « looser », un de ceux qui restent sur le bord du chemin. Pourtant, n'avez-vous pas le sentiment d'y perdre au niveau de ce que l'on pourrait appeler « les temps incompressibles » ? Ces temps autrefois dédiés aux relations humaines, aux conversations essentielles, etc.

Deux âges de la vie souffrent tout particulièrement de cet absolutisme de la rapidité. En premier lieu, les personnes âgées. Bien sûr, elles sont moins réactives que dans leurs jeunes années, ont une conduite lente et hésitante au volant de leur voiture, traînent à emballer leurs courses à la caisse du supermarché. Et alors ? Sacrilège ! Elles nous ralentissent, nous font perdre du temps. Le grand âge a perdu tout sens pour les plus jeunes parce qu'il s'inscrit davantage dans la lenteur que dans la précipitation ambiante. Un tempo devenu incompréhensible, inadmissible.

En second lieu et à l'autre bout de la chaîne, les enfants ne sont guère mieux lotis. « Dépêche-toi » est sans doute la phrase qu'ils entendent le plus souvent, au détriment de « Calme-toi, pas si vite ! »

On attend d'eux qu'ils grandissent le plus vite possible, que déjà dans le ventre maternel ils s'offrent à l'échographie pour révéler au plus tôt leur sexe à leurs parents, qu'à peine sortis de la maternité ils dorment déjà des nuits complètes, qu'à huit ans ils se conduisent comme des ados et qu'à quatorze ans ils soient aussi autonomes que des adultes. Rappelez-vous à cet âge-là, en classe lorsqu'on se passait des petits mots ! Aujourd'hui, ils s'envoient des SMS ! Et peu importe si cette précocité est lourde à porter, peu importe si ces années d'enfance qu'on leur vole leur font défaut toute la vie. L'essentiel est de ne pas prendre de retard. Accélérer, remplir : les deux maîtres mots de l'éducation contemporaine. Montaigne ne s'y reconnaîtrait pas, lui qui préconisait pour éduquer les enfants « d'allumer des feux plutôt que de remplir des vases ».

L'exclusion urbaine

Les villes, aussi grandes et riches soient-elles, engendrent aussi de l'exclusion, elles-mêmes génératrices de fragmentations urbaines. Le bien vivre ensemble a cédé la place à la spéculation immobilière et donc aux plus aisés en excluant progressivement vers les banlieues les populations aux revenus les plus modestes. Par la vitesse des déplacements les rendant étranger à ce qui les entoure, ces citadins des temps modernes désireux d'accomplir leurs activités rapidement deviennent insensibles au monde urbain traversé. Ainsi, depuis plus d'un siècle, a pu émerger chez certaines personnes la prise de conscience de rebâtir enfin des villes à taille humaine, en rupture avec le gigantisme et la vitesse.

Respecter les rythmes de chacun

On en est arrivé aujourd'hui à une absurdité : nier la chronologie des âges, refuser le déroulement naturel du temps. Mais ni la petite enfance ni le grand âge ne peuvent impunément être rayés des listes, sacrifiés sur l'autel de la rapidité. Pas plus que tous ceux qui ont l'audace de ne pas être dans le même temps que les autres : les chômeurs ou les femmes au foyer par exemple. Pas d'autre choix si l'on ne veut pas condamner une société à l'étouffement, que de respecter les rythmes de chacun. Observons les conséquences désastreuses dues à l'accélération des rythmes sociaux sur le chômage. À un niveau collectif, le chômage est en partie vu telle une pathologie issue de l'incapacité de certaines personnes à absorber les innovations techniques connectées, les modifications de rythme rendues obligatoires par l'évolution de la compétition économique mondialisée. Trop souvent, lorsqu'un sujet ou le système dans lequel il évolue n'arrive pas à s'adapter aux évolutions, il est arrêté, stoppé. Et cet arrêt est vécu psychologiquement comme un déclassement social. La personne au chômage devient une charge avec la notion d'inertie qui va avec. Mouvement, vitesse versus stagnation, poids, charge. Ce constat terrible et dramatique nous concerne tous, avec ou sans travail. D'ailleurs, plus ou moins confusément, chacun ressent au fond de soi cette nécessité de dire « stop ». Une fois ou l'autre, on a tous entendu cette petite voix intérieure nous interpellant vertement : dans la fable de la Fontaine, c'est bel et bien la tortue qui arrive première sur la ligne d'arrivée, pas le lièvre ! Comme si flottait la nostalgie d'une époque où l'on savait prendre le temps. Une petite graine qui ne demande qu'à être cultivée et nous allons vous y aider.

Les Français et leur temps

« Si les semaines avaient un huitième jour, qu'aimeriez-vous en faire ?

Garder cette journée pour vous et vos activités personnelles (loisirs, sport, culture…) : 44 %. »

Un sondage TNS-Sofres (2006)

Un autre sondage Ipsos (2011) « Le Slow, ou l'aspiration des Européens à ralentir » a été réalisée auprès de 4 066 individus âgés de 16 à 64 ans, soit un peu plus de 1 000 personnes par pays et mené en France, en Allemagne, en Grande-Bretagne et en Italie. Ce sondage indiquait que 77 % des personnes interrogées souhaitaient ralentir leur rythme de vie. En effet, sans ralentir vraiment, comment faire pour mettre en action son esprit critique ? Quid du sens de nos actions, de notre libre arbitre, de notre autonomie ? Serions-nous purement et simplement condamnés à enchaîner nos actions sans la capacité d'en mesurer la portée, leur sens ? Alors décélérerons pour restaurer notre autonomie, notre capacité à comprendre le monde qui nous entoure et mieux analyser le sens de nos actions.

2

Savoir utiliser son temps

« Il faut savoir prendre son temps, si l'on ne veut pas le perdre à recommencer »
Hanluo Taihan

Admettre que l'on souffre du manque de temps est une chose. Mais il serait dommage d'en rester là, de répéter telle une litanie plaintive qu'on n'a jamais le loisir de rien, qu'on ne parvient pas à s'organiser, que tout s'enchaîne trop vite, qu'on est connecté en permanence, et qu'on a besoin de respirer. Pour échapper à cette attitude peu constructive, une solution : partir activement à la reconquête de son temps ! Mais cela ne saurait suffire. Encore faut-il savoir ce que l'on veut en faire de ces heures, de ces journées regagnées sur le rythme accéléré du temps qui passe…

Décélérez pour vivre autrement

Si par miracle on vous offrait une plage de temps libre, là tout suite, qu'en feriez-vous ? Si votre réponse se résume à un long silence interloqué, voire paniqué, le passage par ce chapitre est pour vous obligé ! Avant de vous attaquer de manière très pragmatique à une meilleure gestion de votre planning, qui fait l'objet des chapitres suivants, vous allez pouvoir poursuivre l'introspection amorcée précédemment. Votre mission si vous l'acceptez : poser votre téléphone ou lâcher votre ordinateur pour réfléchir à la manière dont vous pourriez utiliser le temps que vous allez récupérer, penser à au nouveau style de vie que vous pourriez mettre en œuvre si vous optiez pour la décélération.

Faute d'un cap à suivre et d'un véritable projet pour votre nouvelle vie sous le règne de la lenteur, vous risquez fort de vous décourager et de vous égarer en chemin. Pour vivre heureux avec un tempo qui vous convient, il est nécessaire d'avoir un but, des envies à assouvir, des rêves à réaliser, des frustrations à contrôler ! Autant que ces heures reconquises de haute lutte soient marquées par le sceau de la qualité et pas à nouveau remplies, à la va-vite, sous le seul signe de la quantité et du n'importe quoi. Pour que votre vie vous plaise, réorganisez-la un peu !

Ce ne sont pas là des questions anodines ou du jus de crâne stérile. Il s'agit ni plus ni moins d'identifier vos priorités existentielles : quelles sont les choses les plus importantes dans votre vie, celles que vous souhaitez mettre en premier plan et auxquelles vous êtes prêt à consacrer du temps ? Votre carrière, vos amis, votre famille, votre logement, l'argent que vous gagnez, votre passion pour la guitare, votre projet de voyage en Mongolie ? Pas toujours facile de répondre, de hiérarchiser… Et pourtant, on ne peut pas faire l'économie de cette analyse.

La démonstration d'un expert américain en gestion du temps est à cet égard éloquente. Devant des étudiants, il prend un seau et le remplit d'une douzaine de gros cailloux qu'il pose un par un. « Le seau est-il plein ? » demande-t-il. « Oui », dit la classe. « Vraiment ? » Il sort alors un sac de petits graviers et le vide dans le seau, où ils trouvent leur place. « Et maintenant, il est plein ? » « Peut-être pas », répondent les étudiants, devenus prudents. Le professeur prend alors un récipient, plein de sable, secoue le seau pour que les pierres de différentes tailles se tassent et verse le sable dans le seau. « Ça y est, c'est plein ? » « Non », crie la salle, par zèle. L'expert s'empare donc d'une grande bouteille d'eau, qu'il vide intégralement dans le même seau, jusqu'à ce que le liquide arrive à ras bord. Il se tourne alors vers sa classe : « Quel est l'objet de cette démonstration ? » Un étudiant lève bravement le doigt : « C'est pour montrer que même si l'on croit avoir un emploi du temps chargé, on peut toujours y faire tenir quelque chose en plus. » « Non, réplique le prof, ce que je voulais seulement vous rappeler, c'est que si vous ne placez pas vos gros cailloux en premier, vous n'arriverez jamais, ensuite, à les faire rentrer ».

Et vous, quels sont les gros cailloux de votre vie ? Les pages suivantes ont pour objet de vous aider à les identifier.

Concilier rêves d'enfant et tâches quotidiennes

Paradoxalement, c'est *a priori* dans le passé que vous trouverez une partie des réponses qui pourront vous aider à dessiner un avenir, plus lent, plus serein, recentré sur ce qui compte authentiquement pour vous. Très souvent, notre vie se caractérise par une suite de renoncements, d'abandons… Au fil des années, vous avez laissé tomber la peinture parce que de toute façon vous n'en auriez pas fait une profession, parce que vous ne vous jugiez pas assez doué, parce que ça prenait trop de temps. Vous avez arrêté la boxe, renoncé à des études de médecine, passé aux oubliettes l'écriture d'un roman. Nous trouvons mille et une fausses bonnes raisons pour justifier ce genre de décision ! Chacun vit avec ses regrets plus ou moins conscients et avoués.

Seulement voilà, parmi tous ces abandons, il y avait peut-être un « gros caillou », quelque chose d'essentiel qui nous manque aujourd'hui pour donner du sens à nos vies. Il n'est sans doute pas trop tard pour réparer cette erreur d'aiguillage, pour aller déterrer ce gros caillou profondément enfoui dans le passé ! Comment procéder ? Tâchez tout simplement de remplir ce petit tableau. En prenant le temps qu'il faudra, en y revenant certaines fois si besoin, éventuellement en interrogeant vos parents, vos frères et sœurs, vos amis d'enfance et d'adolescence pour faire ressurgir des souvenirs oubliés. Surtout, prenez le temps de faire revivre l'enfant et l'adolescent qui sont en vous.

	J'aimais	Je n'aimais pas	J'aurais beaucoup aimé
Quand j'étais enfant…			
Quand j'étais adolescent…			
Quand j'étais jeune adulte…			

Personne mieux que vous ne pourra analyser et passer au crible les quelques mots griffonnés dans ces colonnes, et en déduire les activités, occupations et passions, avec lesquelles vous pourriez avoir envie de renouer. Car c'est ce désir-là, authentique, fort, toujours présent après des années d'oubli qui sera susceptible de vous pousser à changer de vie, à vous organiser autrement pour faire une place à l'essentiel. Pensez-y et ne renoncez pas à vos rêves d'enfant ou d'adolescent.

Encore un petit exercice ! Sur une feuille, inscrivez les dix activités que vous effectuez le plus souvent dans la semaine : accompagner les enfants à l'école, préparer le repas, faire les courses, assister à des réunions professionnelles, faire du sport, voir vos amis etc. À côté de chacune d'entre elles, tracez un « moins » si c'est une activité subie, relevant d'une obligation. Tracez au contraire un « plus » si c'est une activité choisie et agréable. Faites maintenant le compte de vos « plus » et de vos « moins ».

Les résultats sont assez faciles à prévoir : il y a fort à parier que vous aurez une majorité de « moins » ! Normal, rares sont les personnes qui échappent complètement aux pensums du quotidien. Mais dans quelle proportion ? Si vous obtenez neuf « moins » pour un unique « plus », voire dix « moins », disons que votre vie n'est pas particulièrement équilibrée... Il est probable que vous souffriez de stress et d'insatisfaction, que vous ayez la sensation permanente d'être esclave de votre temps. En réalité, nous sommes « taillés » pour faire face à beaucoup de contraintes à condition d'avoir dans son planning une petite fenêtre de liberté, du temps que l'on remplit à sa guise. Pas forcément pour faire quelque chose de précis mais aussi pour s'octroyer des loisirs « gratuits » à ne rien faire, à rêver ou faire la sieste. On estime que 20 % de ce temps libre, au sens plein et premier du terme, suffit à nous faire supporter 80 % de temps régenté par les impératifs de toutes sortes. 20 %, cela ne semble pas inaccessible : cela représente seulement deux activités sur votre petite liste... À vous d'en barrer une ou deux parmi celles que vous considériez jusque-là comme d'incontournables contraintes, pour les remplacer par une ou deux autres qui vous redonneront la pêche et le sourire ! Impossible ? Reportez-vous aux chapitres 5 et 6, vous verrez qu'une meilleure organisation au travail et à la maison permet de vrais petits miracles !

Qu'aimeriez-vous changer dans votre vie ?

Poursuivons notre petite enquête pour essayer de mettre le doigt sur ce qui pourrait changer et apporter une touche de bonheur dans votre existence. Voici une liste d'affirmations auxquelles vous répondrez en mettant une note entre 0 et 5. Zéro signifie que vous n'êtes pas du tout d'accord avec cette affirmation, mais alors pas du tout ! Au contraire, un score de cinq signale que vous vous y retrouvez parfaitement. De un à quatre, votre cœur balance, avec plus ou moins d'intensité. C'est parti !

- Je suis heureux dans ma vie
- J'aime fréquenter du monde
- J'aime quelqu'un
- On m'aime
- Quelqu'un m'aime
- j'aime mon travail
- je suis apprécié à mon travail
- J'ai de bonnes relations à mon travail
- J'ai des amis fidèles
- Je sors souvent
- J'en ai rarement marre
- Je sais ne rien faire
- Ma vie a du sens
- Je suis rarement en colère
- Je pense à me relaxer
- J'aime être seul
- Je me sens en forme pour faire ce qui me plaît

Satisfait ou insatisfait ?

Pour une fois, on ne va pas vous demander de vous munir d'une calculette et d'additionner tous vos points ! Vous pouvez évidemment le faire : un score bas indiquerait seulement que vous êtes, semble-t-il, assez insatisfait de votre vie actuelle, un score élevé montrerait que vous êtes apparemment parvenu à un bon équilibre de vie dans les différents domaines de votre existence : affective, professionnelle, relationnelle, personnelle. Mais comme très probablement vous obtiendrez un score moyen, nous n'en serions pas plus avancés…

Il est sans doute plus judicieux d'examiner vos résultats à la loupe afin de traquer votre moins bonne note ! Avez-vous récolté un magnifique « tout rond » comme à l'époque des dictées ? Pas d'inquiétude, un 0 ou un 1 vont vous permettre d'avancer. De tels scores mettent en effet en relief le ou les domaines dans lesquels votre insatisfaction est la plus forte. Et donc ceux sur lesquels il serait intéressant de vous pencher.

Imaginons un instant que les affirmations sur le travail ne vous aient pas inspiré : vous n'aimez pas votre activité, vous n'avez pas le sentiment d'être apprécié ou vous n'y entretenez pas de bonnes relations avec les autres. Charmant tableau ! Dites-vous bien qu'une telle insatisfaction rejaillira sur les autres domaines de votre vie. Comment apprécier son temps libre, avoir envie d'en faire un usage épanouissant si par ailleurs on subit de telles frustrations ? Les plateaux de la balance doivent être un minimum équilibrés… Il paraît donc essentiel de vous interroger sur votre rapport au travail. Trop utopique ou impossible direz-vous ? Certaines questions peuvent vous aider à vous décider. Si vous en aviez la possibilité, seriez-vous prêt à changer de travail, même si vous deviez gagner un peu moins ? Seriez-vous prêt à renoncer à une promotion pour bénéficier d'un peu plus de temps libre à consacrer à autre chose ? Pensez-vous que vous pouvez gagner en estime de vous-même et en confiance en vous ailleurs que dans votre milieu professionnel ?

Des questions parfois gênantes, admettons-le. Mais si vous avez le courage de vous les poser et d'y répondre avec sincérité, vous trouverez celui de faire évoluer votre vie dans le bon sens. Celui d'une meilleure écoute de vos désirs profonds, d'une meilleure répartition entre les contraintes et les loisirs. Celui d'une réconciliation avec ce temps qui s'écoule inexorablement mais qui parfois, quand on sait l'apprivoiser, accepte de ralentir pour rendre nos rêves possibles. Un petit conseil d'Antoine de Saint Exupéry : « Fais de ta vie un rêve, et d'un rêve, une réalité. »

Faites le point sur vos éventuelles dépendances

Gare aux paradis artificiels...

Il y a les drogues qui excitent, sur-stimulent, permettent de vivre encore plus à 100 à l'heure. Et puis celles qui rendent cool, ralentissent le rythme, semblent vous extraire de la précipitation comme par miracle. On plane, dit-on, quand on vient de fumer un joint de haschisch ou bien on aime les plaisirs après avoir absorbé une pilule de MDMA. C'est un choix, une façon très particulière de décélérer... par contre certainement pas celle qui vous mettra en

phase avec vos désirs profonds. Pas celle non plus qui vous poussera à agir et choisir la direction que vous voulez donner à votre vie. Les paradis artificiels riment davantage avec baisse de motivation, immobilisme et passivité. Attention donc à cette fausse lenteur. Sans compter qu'elle revient cher, à tous les niveaux et reste interdite par la loi !

Éventuellement devenue une habitude, la consommation d'alcool, de cigarettes, de cannabis et autres substances médicamenteuses appelées psychotropes (les psychotropes sont des médicaments regroupant aussi bien les tranquillisants que les somnifères, en passant par les anxiolytiques et les antidépresseurs) peut devenir dangereuse. En effet, une consommation même occasionnelle d'un de ces produits peut avoir un impact négatif sur votre santé, malgré une décélération visible mais artificielle.

« Avez-vous un problème de dépendance ? »

En fonction de votre ou vos dépendances identifiées, répondez à ces quatre questions sur votre consommation ci-dessous :

- Avez-vous déjà ressenti le besoin de diminuer votre consommation ?
- Votre entourage vous a-t-il déjà fait des remarques au sujet de votre consommation ?
- Avez-vous déjà eu l'impression que vous consommiez trop ?
- Avez-vous déjà eu besoin d'alcool, de cannabis ou de psychotropes le matin pour vous sentir en forme ?

Deux réponses positives ou plus laissent suspecter un réel problème de dépendance à faire prendre en charge par un médecin professionnel ou un psychothérapeute.

Ce questionnaire est librement inspiré et adapté d'un questionnaire d'après B. Rueff, Les Malades de l'alcool, John Libbey Eurotext, Montrouge, 1995.

SI LE DOUTE VOUS GAGNE...

Autant le savoir, cette étape de « l'examen de conscience » n'est pas la plus facile. Il ne suffit pas d'appliquer des recettes ou d'élaborer des techniques pour gagner du temps ou moins en perdre ! Pour certains, ces questionnements peuvent même faire surgir quelques doutes. Mais après tout, est-ce que j'ai sérieusement envie de ralentir, de lâcher mes écrans, de m'autoévaluer véritablement et de vivre autrement ? Est-ce que je ne vais pas laisser des plumes dans ce bouleversement ? Est-ce que je ne risque pas de tomber comme le funambule sur son fil, qui tant qu'il avance parvient à maintenir son équilibre… mais tangue dangereusement quand il s'immobilise ? Il vous faudra simplement trouver votre *tempo giusto* !

La lenteur est susceptible en effet d'inquiéter. Justement parce qu'elle laisse le temps au temps, ouvre des brèches dans les certitudes, oblige à regarder son existence en face. Si je me libère des créneaux horaires pour recommencer à composer de la musique, comme lorsque j'étais ado, est-ce que je ne cours pas à l'échec et à la déception ? Et si je réussis ? Si je travaille moins je serai beaucoup plus avec ma famille, est-ce que je vais savoir partager des activités avec mes enfants, trouver des terrains d'échanges véritables avec eux ? Si je gagne moins d'argent et que j'ai une plus petite voiture, est-ce que je vais le supporter ? Que de points d'interrogations… Une seule façon de les lever : essayer.

Pour trouver le courage de changer et de passer outre cette peur qui vous paralyse, faites la liste de tous les atouts que vous avez en poche pour réussir. « Ado, j'ai gagné un prix de guitare au conservatoire. La musique, ça ne s'oublie pas comme ça… Mon fils adore le basket. À son âge, je ne me débrouillais pas si mal. On pourrait jouer ensemble… Les enfants sont grands, nous ne sommes plus que deux avec ma femme dans la voiture. Une petite devrait suffire… »

Puis demandez-vous quel moment serait le plus propice pour commencer à changer. Tout de suite pour être sûr de ne pas reporter et finalement botter en touche ? Ou plutôt dans six mois parce que vous aurez un entretien bilan avec votre supérieur et que ce sera le moment de lui parler de votre désir de passer à temps partiel ? L'année prochaine parce que votre dernier enfant aura quitté le foyer et que vous devrez de toute façon réorganiser votre temps et votre façon de vivre ? À vous de voir, rien ne presse pour faire le bon choix. Sinon, vous ne parviendrez pas à ralentir naturellement, mais assurément artificiellement…

Petit coup de pouce final : imaginez votre vie quand vous aurez levé le pied et pris le loisir de renouer avec de vrais plaisirs, ceux qui vous font vibrer. Ce petit cinéma personnel devrait vous apporter une bonne dose de motivation.

Alors, le moment est venu d'évaluer votre capacité à ralentir, afin de mieux connaître vos aptitudes à la Slow Life !

a c a a b ? ? a b c a a b b
a b a a c a

TEST : ÊTES-VOUS FAIT POUR LA SLOW LIFE ?

Répondez à ces 20 questions :

1. Pensez-vous réussir à ralentir ?

a) Souvent.
b) Parfois.
c) Rarement.

2. Savez-vous rester dans votre canapé plus d'une heure à discuter avec vos proches ?

a) Souvent.
b) Parfois.
c) Rarement.

3. Vous sentez-vous globalement de bonne humeur ?

a) Souvent.
b) Parfois.
c) Rarement.

4. Vous reproche-t-on d'être trop sur votre portable ou votre ordinateur ?

a) Rarement.
b) Parfois.
c) Souvent.

5. Arrive le moment de passer à table…

a) C'est le moment que je préfère ; on peut prendre tout son temps pour échanger à table.

b) Toujours mouvementé, mais ça fait du bien de se retrouver ensemble à table.
c) Pas de temps à perdre ; mangeons vite qu'on n'en parle plus !

6. Quel est votre moment préféré de la journée ?
a) Prendre mon petit-déjeuner en écoutant les oiseaux chanter.
b) Même si l'on a eu des problèmes dans la journée, j'aime lorsque l'on se retrouve à la maison pour échanger.
c) Quand tout est fini le soir, j'adore le moment où enfin je peux me poser dans mon canapé.

7. Quel est votre pire moment de la journée ?
a) Le soir, à attendre que tout le monde soit couché pour espérer enfin me reposer au calme.
b) Prendre les transports en commun matin et soir, même si je peux trouver une place pour lire mon livre.
c) Attendre le matin que tout le monde soit levé pour enfin démarrer !

8. Vous devez faire un grand rangement de printemps ce week-end :
a) Pas de soucis : j'ai tout prévu et tout sera fini samedi après-midi.
b) Pas facile à m'organiser, mais s'il faut le faire, je ferai au mieux !
c) J'ai horreur de faire du rangement ! Ça ne m'étonnerait pas d'avoir mieux à faire ce week-end.

9. On vous propose de faire une journée pyjama ce week-end :

a) Avec plaisir ! Ça va être un bon moment tous ensemble

b) Pourquoi pas, si chacun joue le jeu !

c) Trop de choses à faire pour ça !

10. Et si ce soir on débranchait tout ?

a) Super idée ; j'en rêvais !

b) Je dois d'abord convaincre tout le monde.

c) Ce n'est pas dans nos habitudes ; par contre, pourquoi pas...

11. Pour vous lire un livre c'est :

a) Un plaisir de vous plonger dans une histoire.

b) Un objet que vous associez aux vacances, car c'est souvent durant cette période que vous avez le temps de lire.

c) Vous avez dit quoi... ? Un livre ?

12. On vous propose une promenade, vous pensez :

a) Génial, c'est un super moment pour s'oxygéner la tête et activer les jambes !

b) Pourquoi pas une promenade ? Parfois ça fait du bien.

c) Trop la flemme ! J'ai un truc à finir chez moi.

13. Pour vous, un ou deux jours déconnectés c'est :

a) Un vrai bonheur.

b) Pas toujours facile à faire.

c) Complètement idiot de ne pas être joignable !

14. Pour vous, des vacances en immersion dans un pays reculé c'est :

a) Mon rêve !

b) À essayer, mais ça me dérange un peu.

c) Impossible.

15. Êtes-vous souvent de mauvaise humeur ?

a) Rarement.

b) Un peu.

c) Beaucoup.

16. Mon rêve serait…

a) D'avoir une grande famille.

b) D'avoir plus de temps libre.

c) De rester chez moi toute une journée pour voir tout ce qui se passe sur les réseaux sociaux.

17. On me demande lâcher mon téléphone pour aider à la cuisine

a) Je raccroche dans la minute qui suit.

b) Je dis « oui » et arrive quand tout est fait.

c) Je renâcle.

18. Que pensez-vous des gens qui savent ralentir ?

a) Quel bonheur d'avoir compris qu'on pouvait faire mieux en allant moins vite !

b) Ils ont bien de la chance, mais ce n'est pas toujours évident de se l'imposer.

c) Grand bien leur fasse ! Ils n'ont rien d'autre à faire.

19. Il est 18 heures et des amis arrivent pour dîner ce soir…

a) Pas de soucis, j'ai tout préparé pour leur mitonner un excellent repas avec de produits frais.

b) Je suis à la bourre, par contre cela devrait être bon pour vite passer au supermarché et préparer le repas.

c) Je commanderai des pizzas !

20. Vous reproche-t-on d'être stressé ?

a) Rarement.

b) Parfois.

c) Souvent.

RÉSULTATS

SI VOUS OBTENEZ PLUS DE 12 RÉPONSES A

Bravo, vous savez ralentir et la Slow Life est vraiment faite pour vous ! Tout en jouissant des plaisirs de la vie avec modération, vous savez aussi organiser votre temps comme vous le souhaitez, sans vous sentir dépassé. Vous pourrez convaincre autour de vous !

SI VOUS OBTENEZ PLUS DE 12 RÉPONSES B

Vous y êtes presque ! Même si vous vous sentez souvent dans le rush, vous essayez tout de même de préserver un peu de temps pour vous. À force de persévérance, cela finira par payer et la Slow Life devrait vous apporter la sérénité nécessaire à votre épanouissement.

SI VOUS OBTENEZ PLUS DE 12 RÉPONSES C

Dommage… Ralentir n'est peut-être pas votre truc et la Slow Life ne semble pas faite pour vous, en tout cas pour l'instant ! À pile et sur secteur, vous devez sûrement vous sentir dépassé en permanence. Chacun sa life ! Tentez quand même un petit séjour Digital Detox ?

Vivez maintenant l'art de la lenteur, cette fameuse Slow Life, chez vous, au travail, ou même ailleurs, à l'aide des nombreux cas développés dans les chapitres suivants !

3

S'EXERCER À LA LENTEUR

« Une certaine forme de sagesse se reconnaît à la volonté de ne pas brusquer la durée, de ne pas se laisser bousculer par elle, pour augmenter notre capacité à accueillir l'événement »
Pierre Sansot

« Stop, il est urgent de ralentir ! » Ce cri du cœur, certainement soufflé par une forme d'instinct de survie, de nombreuses personnes ont commencé à le lancer avec force un peu partout dans le monde. Aux quatre coins du globe, la lenteur est en marche, ralliant dans son sillage des partisans de plus en plus nombreux. Pas de conclusions hâtives : il ne s'agit en aucun cas d'une poignée d'adeptes de gym douce ou de rescapés de l'ère hippie qu'on pourrait qualifier un peu vite d'illuminés. Mais bel et bien de vrais militants, adhérents de mouvements associatifs rassemblés sous la bannière Slow.

L'Italie, le berceau du mouvement Slow

Est-ce la célèbre *dolce vita* du pays ? Parce que les paysages, le soleil et le caractère chaleureux de ses habitants sont autant d'invitations à se poser, à profiter de l'instant ? Parce que ses plats de pâtes ne peuvent qu'inciter à la convivialité, à d'interminables repas en famille ou entre amis sur une terrasse ? Qui sait… Toujours est-il que l'Italie figure en tête du palmarès des pays ayant décidé de faire leur profession de foi de la lenteur. L'histoire du combat transalpin pour la décélération commence, on aurait pu s'en douter, autour d'une assiette, avec le mouvement Slow Food.

LA SLOW FOOD

Fondé en Italie en 1986 par Carlo Petrini, ce premier mouvement Slow est apparu à Rome en réaction à la culture du fast-food en général et au premier McDonald's en particulier. Le manifeste du mouvement Slow Food explique clairement son dessein : « Une défense sans faille des plaisirs terrestres est la seule façon de s'opposer à la folie universelle de la vitesse à tout prix. Notre action devrait commencer à table, en redonnant du temps au goût. »

Aujourd'hui, ce mouvement s'attache à réinventer un art du bien vivre ensemble, bien au-delà de simples considérations culinaires. Très concrètement, la Slow Food privilégie la qualité à la quantité, ainsi que l'attention pour soi et les autres et ce, en étant moins dans la précipitation et l'agitation afin de réapprendre à satisfaire nos prétendus besoins avec modération et naturel. C'est-à-dire, être de nouveau sensible aux saisons, mais aussi reprendre conscience des distances en développant une meilleure connaissance des produits locaux grâce à un environnement mieux connu.

La philosophie Slow Food repose sur trois critères essentiels :

- *Bon* : c'est l'exigence de tout gourmet, la recherche du plaisir des sens.
- *Propre* : c'est protéger la planète des menaces qui planent sur ses écosystèmes.
- *Juste* : c'est le droit reconnu aux producteurs d'exister et d'exercer leur activité dignement.

Une réelle façon de reprendre en main son existence par le plaisir et la vertu de la modération afin de s'élever contre les excès. Au cours de ses trente ans d'existence, Slow Food a démontré un dynamisme et une créativité étonnante qui se révèlent à travers une multitude de projets comme Terra Madre, l'Arche du Goût, ou la première Université des Sciences gastronomiques fondée en 2004 à Brà dans le Piémont. Aujourd'hui, le mouvement est présent dans plus de 160 pays, avec plus de 100 000 membres et plus d'un million de sympathisants ! Cette incitation à la lenteur alimentaire n'est pas qu'un caprice de gastronome souffrant de voir ses congénères se gâcher le palais dans les fast-foods et consommer sans état d'âme des fraises dénuées de toute saveur en plein hiver ! Le mouvement Slow Food incarne aussi un vrai combat de société pour la préservation des terroirs et des agricultures locales, la sauvegarde des patrimoines gastronomiques et l'éducation au goût. Son objectif consiste ni plus ni moins à développer un modèle d'agriculture moins intensif et nocif, capable de conserver la biodiversité et d'offrir des perspectives aux régions les moins riches.

Disons que le mouvement Slow Food se situe à mi-chemin entre alterconsommation et éco-gastronomie. Comme quoi, la redécouverte de la lenteur est en passe de revêtir une dimension très politique…

Implantée sur tous les continents, Slow Food mène des actions aux quatre coins du monde et joue un rôle politique en intervenant lors des débats sur la politique agricole commune (PAC) à Bruxelles et collabore avec l'Organisation des Nations Unies pour l'alimentation et l'agriculture (FAO). Enfin, dans certains pays, comme en Italie, l'association est parvenue à imposer ses thèmes dans les programmes de divers partis politiques de gauche comme de droite. À la différence de l'Italie, à quand la création d'un parti politique Slow en France ?

Le principal problème pour le mouvement Slow Food est relatif à son caractère jugé trop élitiste, voire « Bobo ». En effet, les produits recommandés par la Slow Food sont généralement proches de l'épicerie fine et donc loin d'être à la portée de toutes les bourses. L'association fait ainsi appel à des sponsors privés. Ainsi, des multinationales comme Vodafone font flotter leur bannière lors des Salons du goût turinois...

POUR EN SAVOIR PLUS

Depuis longtemps déjà Slow Food international est à l'origine de nombreuses initiatives à consulter sur leur site. Parmi les plus récentes, soulignons la création de 10 000 potagers en Afrique permettant à des communautés d'autochtones de cultiver, consommer ou vendre leurs productions. Elle milite aussi contre les pesticides en faisant la promotion d'une autre agriculture possible ! Sinon, Slow Food, via sa fondation pour la diversité, œuvre sur des projets de protection de la diversité dans le monde entier et, via l'Arche du goût, fait la promotion de produits alimentaire bons, mais en voie de disparition...

Quand la politique se met au service d'une sieste géante aux États-Unis

Une horde de dormeurs en pyjama, un oreiller sous le bras, envahissant les quartiers financiers de maintes villes américaines pour s'adonner à une sieste publique… Un drôle de spectacle auxquels les Américains sont désormais habitués : depuis 2003, chaque 24 octobre, se déroule outre-Atlantique la *Take Back Your Time Day*. Une journée très particulière qui est l'occasion de nombreuses manifestations dont cette fameuse sieste géante ou bien d'immenses repas « lents » avec des centaines de convives visant à reconquérir le temps perdu. Un temps englouti dans les servitudes professionnelles et les vicissitudes du quotidien.

À côté de ces démonstrations appréciées des médias, cette journée est aussi l'occasion d'un authentique travail de fond. Divers séminaires sont organisés pour sensibiliser les participants aux dangers du surmenage, leur donner des conseils pour mieux gérer leur temps et s'octroyer des vraies pauses de décompression. Des groupes de réflexion se tiennent dans de nombreux campus universitaires. Des propositions de loi sont également rédigées afin de faire pression sur les politiciens. Objectifs : faire évoluer la législation du travail, développer des lois qui protégeraient le temps personnel des travailleurs, imposer les congés payés, congés maternité et maladies qui ne sont pas pris en charge aux États-Unis. Rendez-vous ratés de l'ère Obama ? N'oublions pas que ce pays fait partie de ceux qui comptabilisent le plus d'heures travaillées au monde... Un peu avant les USA, au Canada le Réseau Québécois pour la Simplicité Volontaire (RQSV), existe depuis 2000. Lui aussi s'est fait le chantre de la décélération. Ses membres en sont arrivés à la conclusion que la loi du « toujours plus » ne pouvait conduire au bien-être. Ils ont donc décidé de dire adieu à la course folle de la vie moderne, à la consommation débridée et à l'épuisement professionnel pour chercher un mode de vie moins dépendant de la vitesse et de l'argent. Pour diffuser très largement leur recette du bonheur, les tenants de la Simplicité Volontaire proposent chaque année à Montréal une journée internationale de la lenteur le 21 juin : le jour le plus long de l'année ! Au minimum, cette journée sera l'occasion parfaite de rappeler à celles et ceux qui auraient oublié que de ne rien faire est une chance d'avoir du temps pour soi, et au maximum, qu'il y a des avantages à ralentir. Et pour vous, en analysant votre rapport au temps dans vos diverses activités quotidiennes, cette journée de la lenteur ne deviendrait-elle pas un test à grandeur réelle ? C'est en allant moins vite que vous pourrez mesurer et éventuellement admettre la nécessité de mettre en place un mode de vie plus lent. En donnant du temps au temps, on apporte avant toute une respiration salutaire à notre mise en apnée quotidienne. Une véritable cause à défendre pour les défenseurs de la « tortue attitude » !

Et chez nous, pas beaucoup de dormeurs démonstratifs occupant la place de la Concorde ! Mais cela ne signifie pas pour autant que la philosophie de la lenteur ne soit pas en train de gagner enfin les mentalités hexagonales. Malheureusement, en France, on observe encore trop peu de réalisations concrètes malgré un air du temps plus que favorable au ralentissement… Seules quelques villes pro-lenteurs ou entrepreneurs et sociétés détaillés plus loin ont fait clairement le choix de la décélération.

Ainsi, depuis une trentaine d'années déjà, de nouvelles initiatives Slow, ont vu le jour à l'instar du mouvement Cittaslow (villes lentes ou Slow City).

LES CITTASLOW

Dès 1999, naît en Italie l'association Cittaslow, un nouveau mouvement Slow qui rassemble des villes s'engageant à promouvoir un rythme de vie plus lent. Dans ces cités pro-lenteurs où il fait bon vivre, l'urbanisme a été totalement repensé : les espaces verts et les zones piétonnes sont favorisés, le bruit et la circulation réduits, les traditions architecturales locales préservées, l'esprit d'hospitalité et de bon voisinage encouragé. Tout est fait pour créer un environnement calme, esthétique et accueillant où les habitants réussissent à résister à la pression de leurs agendas, déconnecter à loisir et ne plus subir l'urgence.

Mais, attention, n'obtient pas son label Cittaslow qui veut ! Pour en bénéficier, une ville doit faire preuve d'améliorations concrètes de la qualité de vie de ses habitants dans des domaines de pointe. Par exemple, il faudra assurer la mise en place de contrôles de l'air, mettre en application de nouvelles technologies en matière de recyclage des déchets, faciliter les accès aux personnes handicapées, développer des pistes cyclables, réhabiliter des bâtiments historiques en utilisant des matériaux locaux, encourager des programmes de visite à domicile chez les personnes âgées et les malades, etc. et ce n'est pas tout !

La ville s'autorise à ne pas rimer avec stress et emballement en offrant un cadre d'existence beaucoup plus paisible. Après tout, le mot urbanité ne signifie-t-il pas aussi sociabilité et amabilité ?

Le mouvement Cittaslow a aussi pour objectifs de renforcer la démocratie locale, d'améliorer la qualité de vie des habitants et de promouvoir ses caractéristiques propres. Ces objectifs passent par la valorisation de la mobilité douce, la création de zones piétonnes, la défense des commerces de proximité et des produits du terroir. Il cherche aussi à attirer des touristes dans ces villes par la promotion des spécialités et du caractère unique de chacune d'entre elles, avec l'idée de tirer le meilleur parti des ressources humaines et matérielles locales.

Organisées en réseau, les Cittaslow se sont multipliées en Italie, mais aussi dans le reste du monde. Les villes françaises qui ont adhéré au réseau sont à ce jour : Créon et Blanquefort en Gironde, Ségonzac en Charente, Labastide-d'Armagnac dans les Landes, et Mirande dans le Gers. Paul Ariès dirait qu'il nous faut « des villes lentes, vite ! ».

Le mot d'ordre du mouvement Cittaslow est l'art de la lenteur, loin des concepts d'efficacité, de rentabilité, de croissance, ce mouvement apporte une nouvelle approche de la ville en renforçant la démocratie locale, en améliorant la qualité de vie de leurs habitants et en créant de nouveaux espaces propices aux relations humaines. Au niveau économique, le mouvement Cittaslow se distingue par une volonté ferme de relocaliser les activités.

Aujourd'hui, le mouvement Cittaslow se développe en proposant de réinventer des villes de moins de 50 000 habitants à taille humaine, avec des distances limitées, des espaces verts, et dotées d'un environnement plus calme et moins stressant. En agissant de la sorte, le mouvement cherche à créer des villes sécurisées et à valoriser les relations humaines. On dénombre à ce jour plus d'une centaine de villes labellisées Cittaslow dans le monde. Elles sont de plus en plus nombreuses désirant conduire une réflexion sur « le temps des villes », à chercher des manières d'harmoniser les horaires des services avec la vie des citoyens.

La principale critique s'attache au fait que l'aménagement de villes pro-lenteurs ne s'applique qu'à des communes inférieures à 50 000 habitants ou ayant seulement un rôle de chef-lieu de département. En se limitant aux villes de petites tailles, le modèle Cittaslow n'aborde donc que des enjeux urbanistiques secondaires.

POUR EN SAVOIR PLUS

En France, il existe déjà un certain nombre de villes lentes ayant su revoir leur organisation, mais signalons, depuis 2011, l'heureuse initiative de la fille de Pierre Rabhi, Sophie Rabhi-Bouquet, à l'origine du Hameau des Buis situé en Ardèche. Construit de toutes pièces par ses habitants-volontaires, le Hameau des Buis compte aujourd'hui quelques dizaines d'habitants de 3 à 84 ans, une école et un collège (80 élèves en 2015-2016). Par exemple, son école dite démocratique propose aux élèves le choix entre différentes yourtes ! La yourte d'histoire, la yourte de Français, la yourte de géographie, etc. Les élèves entrent et sortent, passant de yourtes en yourtes jusqu'à ce qu'ils aient fait leur choix sur ce qu'ils désiraient apprendre aujourd'hui ! De plus, quels que soient leurs âges, les « élèves citoyens » sont associés aux décisions du conseil du village.

À noter l'accueil de volontaires venus d'Europe, ainsi que d'un large public motivé par la décélération à qui sont dispensées des formations (parentalité, pédagogies Montessori ou alternatives, vivre en éco-village), et toute une pédagogie en vue de la création d'autres éco-villages, à l'aide du Wwoofing par exemple !

Cette activité venue d'Angleterre, le Wwoofing (World Wide Opportunities on Organic Farms, offres d'emploi dans les fermes bio), consiste en un échange entre le Wwoofeur (demandeur) offrant toute sa motivation pour vivre et apprendre à travailler dans une ferme bio grâce à son hôte qui lui enseigne tout son savoir-faire d'une agriculture respectueuse de l'environnement et de la biodiversité. Pour les habitants du Hameau des Buis, vivre cette expérience ensemble constitue une chance unique d'allier motivation et challenge vers un modèle de vie en société basé sur le respect des différences.

Vous pouvez aussi visiter Sebastopol, une des trois villes Cittaslow depuis 2012 aux États-Unis, au nord de San Francisco, vers Santa Rosa. Rassemblant des adeptes pro-lenteurs, des idées et des ressources, cette ville lente offre un cadre de verdure unique avec de multiples activités et le tout, hors connexion ! En utilisant le progrès technique à bon escient, Sebastopol propose, dans un esprit communautaire, d'accueillir aussi des touristes en recherche de déconnexion, en leur proposant diverses activités culturelles et artistiques (voir leur site internet).

Du bon usage de l'ennui

Sans s'offrir un séjour à Sebastopol ou au Hameau des Buis, sans adhérer forcément à un mouvement international pro-lenteur, il devient pourtant facile de pratiquer le ralentissement dans sa vie de tous les jours. Il existe mille et une manières de rétrograder et de faire baisser le régime de son petit moteur personnel ! À condition de ne pas sortir de ses gonds quand on entend les mots ennui, rêverie ou flânerie…

Le plus souvent, tout se passe comme si nous nous interdisions l'ennui. Hypothèse : probablement que nous ne voulons pas renouer avec cette sensation si présente lorsqu'on était petit ? L'ennui fait en effet souvent partie du monde de l'enfance : on s'ennuie en vacances loin des copains, on « se rase » à écouter les profs à l'école les yeux rivés au plafond, on se languit de grandir et d'être un jour adulte. Pour un enfant, tout semble tellement lent et interminable… S'autoriser l'ennui une fois devenu « grand », ce serait donc une forme de régression. Pas forcément !

C'est certainement ça la grande richesse de l'ennui : se reconnecter avec sa part d'enfance et avec son imagination si fertile dans ces années-là. Savoir s'ennuyer, ce n'est pas très compliqué ! Il suffit de se poser sur un canapé ou dans un fauteuil, surtout sans s'armer de la télécommande du petit écran ou d'un bouquin. Et ne rien faire. Si ce n'est suivre les divagations de son esprit. C'est pourtant là que des idées géniales vont surgir, justement parce qu'on ne les attend pas et que de jolis souvenirs vont se rappeler à vous, que des projets vont prendre forme, qu'un déclic va s'opérer. Ou que tout simplement le cerveau va se laisser aller au repos, s'extraire du quotidien et de ses soucis.

Nombre d'enfants s'ennuient quand il n'y a pas d'autres enfants ou d'adultes avec qui jouer. C'est normal. Tous les enfants connaissent l'ennui, un jour ou l'autre. Le problème est parfois dans la façon dont les adultes perçoivent cet ennui et y réagissent en voyant l'incapacité de certains enfants à le gérer. Notre société valorise une utilisation efficace du temps. L'ennui est mal vu : ne pas savoir quoi faire, c'est perdre son temps. Quand un enfant dit s'ennuyer, on tente donc à tout prix de l'occuper en lui trouvant mille et une activités intéressantes à faire.

De plus, beaucoup d'enfants, même très jeunes, ont un agenda chargé de cours et d'activités. Ils ont alors peu le loisir pour apprendre à s'organiser et décider de ce qu'ils veulent faire. Ils peuvent ainsi être démunis lorsqu'ils ont du temps libre. Pourtant, ces moments de solitude ont du sens. Enfin, en service de garde, les enfants ont l'habitude d'avoir de nombreux partenaires de jeu. Ces derniers deviennent parfois des modèles qui les entraînent vers de nouvelles activités auxquelles ils n'auraient pas pensé. La simple présence d'autres enfants leur apporte donc une stimulation même s'ils ne jouent pas toujours avec les autres et même s'ils n'essaient pas de les imiter.

Et si l'ennui était formateur...

Apprendre à jouer seul est important car structurant. En jouant sans partenaire, l'enfant apprend à décider par lui-même. Le jeu libre lui permet de choisir ce qui l'intéresse et de développer ainsi son autonomie. Cette qualité permet à l'enfant de fonctionner sans avoir constamment besoin du soutien des autres.

L'ennui est aussi un tremplin vers la créativité. Pour meubler sa solitude et pour contrer son ennui, l'enfant fait appel à ses ressources personnelles. Il est sans le savoir à l'écoute de son monde intérieur, de ses envies et de ses goûts. Ne rien avoir à faire lui permet donc de développer son monde imaginaire et sa créativité.

Enfin, l'ennui permet de voir la réalité différemment. Un enfant qui s'ennuie remarque des détails qui lui échapperaient s'il était occupé. C'est parce qu'il s'ennuie qu'il observe le trajet de la goutte d'eau qui descend le long d'un carreau de la fenêtre ou qu'il remarque cette fourmi qui avance tout doucement sur la porte d'entrée. Il pourra tranquillement inventer toute une histoire autour de cette goutte d'eau ou de cette fourmi si on lui laisse l'occasion de vivre ces moments seul.

Certains enfants n'ont pas appris à jouer seul. Si c'est le cas de votre enfant, vous pouvez l'aider en participant à ses activités. En effet si vous voulez que votre enfant apprenne à jouer seul, vous devrez d'abord jouer avec lui.

Commencez une activité ensemble, aidez-le au début, puis éloignez-vous. En demeurant dans la même pièce, vous pourrez, de loin, faire des commentaires sur sa façon de s'en sortir : « Elle est vraiment haute, ta tour ! » ou « Tu choisis de belles couleurs pour ton dessin. »

Laissez-le poursuivre l'activité seul. Il apprendra ainsi à jouer et à créer par lui-même. Il aura davantage confiance en ses capacités et développera son autonomie. Suggérez-lui de faire un dessin ou un bricolage pour quelqu'un en particulier ; cela ajoutera une motivation supplémentaire.

Quand sa confiance sera plus grande, votre enfant pourra jouer seul dans une autre pièce. Il ne sentira plus le besoin de jouer sous vos yeux. Encouragez l'initiative en aménageant des plages libres dans l'emploi du temps de votre enfant. Ces moments seront éventuellement ennuyeux au début, mais deviendront, petit à petit, des moments de jeux spontanés enrichissants. S'il s'ennuie, ne vous précipitez pas pour l'occuper rapidement. Encouragez-le plutôt à prendre des initiatives : « Je suis sûr que tu vas trouver quelque chose d'intéressant à faire. »

Ceux qui acceptent de s'ennuyer savent bien à quoi ressemble ce curieux moment « entre deux », entre veille et sommeil, entre conscience et inconscience : on a lâché prise, sans pour autant s'abandonner dans les bras de Morphée. On en ressort comme lavé, apaisé, oxygéné. On a reconstitué un peu de son capital d'énergie. Qui parle d'avoir perdu du temps ? Ceux qui n'ont rien compris à l'ennui !

Lenteur et paresse, même combat ?

C'est ce que voudraient nous faire croire les agités ! Pour eux, celui qui ne fonce pas est un abominable paresseux. Il ne vaut pas mieux qu'Alexandre le Bienheureux, ce personnage incarné au cinéma par Philippe Noiret en 1967, qui décidait de vivre dans son lit en état de sieste permanente. D'où nous vient cette confusion entre la lenteur et la paresse, pourquoi cette vision si péjorative ? En grande partie à cause de notre héritage chrétien. Dans la liste des sept péchés capitaux figure en effet l'acédie, « une torpeur de l'âme et de l'esprit qui provoque une

atteinte à la ferveur de la prière, un relâchement de la vocation ». Rien de moins ! Pas de chance pour la lenteur, elle fut autrefois considérée par l'Église comme une déclinaison de cette acédie, au même titre que la paresse. Les deux dans le même sac ! Notre société moderne étant toujours très façonnée par les notions de vertus et de péchés, rien d'étonnant à ce que la lenteur souffre aujourd'hui encore de cette sulfureuse réputation. À nous de la faire mentir. Car comme le remarque très justement le philosophe Paul Virilio, « la lenteur est une vitesse ». Certes, celle de l'escargot, mais vitesse tout de même...

Prenez votre temps avant qu'il ne vous emporte !

À chacun de trouver ses « must » de la lenteur, vos activités de prédilection qui vous permettent de dire « stop ». Pour certains, c'est la sieste. S'adonner au sommeil en pleine journée : on n'a encore trouvé meilleur moyen de défier les heures qui s'écoulent inexorablement sur le cadran de notre montre. Impossible pour vous de dormir le jour ? Alors essayez cette méthode chère à Salvador Dali, figure facétieuse et exubérante de l'art s'il en est. Asseyez-vous, prenez une petite cuillère entre le pouce et l'index, fermez les yeux et laissez-vous aller. Quand la petite cuillère tombe par terre, votre petite séance de sommeil sur commande est terminée, vous pouvez retourner à vos occupations ! Bravo si vous avez réellement réussi à vous débrancher du réel. Bon début !

Pour d'autres, la décélération passe par un long bain. Il paraît que le tiède enveloppement aquatique nous ramène, hors de toute conscience du temps, à notre vie utérine… D'autres encore préfèrent la méditation, plus directive et organisée que le simple ennui mais dont l'objectif consiste lui aussi à s'émanciper du matériel. Il y a aussi ceux qui pratiquent la prière, pause spirituelle dans le tourbillon de la vie. Ou bien la flânerie pédestre mettant le corps en mouvement et pouvant inciter à la libre réflexion, un peu à la manière de Socrate qui philosophait en marchant, ou de Rousseau dans ses *Rêveries du promeneur solitaire*.

Ceux qui sont attirés par les philosophies orientales trouveront sans doute leur bonheur dans l'art zen du temps et son fameux « Ici et Maintenant ». Il s'agit de savourer pleinement l'instant présent, sans penser à celui d'après. Les maîtres zen nous apprennent qu'il est vain de lutter contre le temps, un peu comme dans les arts martiaux : on ne se bat pas contre ses adversaires, mais on absorbe leurs mouvements, on s'approprie leur force comme aimait le rappeler Yves Klein. Si au lieu de se battre contre le temps, combat perdu d'avance, on cherche plutôt à l'absorber, à s'en faire un allié, on devrait tout naturellement moins en souffrir. Il devient progressivement un espace en soi, intériorisé, sur lequel on a absolument prise.

L'art zen vous paraît décidément très abstrait ? Pratiquez ce petit exercice qui pourra vous aider à mieux appréhender ces notions : un matin, oubliez tout simplement votre montre sur votre table de chevet. Pas de panique, vous pourrez toujours savoir l'heure au cours de la journée en la demandant dans la rue, en jetant un œil sur votre téléphone portable ou votre ordinateur. Mais libéré de ce bracelet qui prend parfois des allures de menottes, vous serez obligé de faire confiance à vos sensations intérieures pour estimer l'heure qu'il peut bien être. Une façon d'intérioriser le temps plutôt que de le subir, de le contrôler plutôt que de le laisser vous contrôler.

Les divers bénéfices de la lenteur

Tenter ces petits paris de tous les jours sur la lenteur, pourquoi pas… Mais pour quels bénéfices ? Beaucoup ! En s'octroyant le droit d'aller moins vite et de lever parfois le pied, c'est la qualité de vie dans son ensemble qui s'améliore. Prenons le cas d'une personne qui aurait l'habitude de s'accorder un sas de décompression, un temps vide de pure flânerie dans un jardin public ou ailleurs, entre le moment où elle quitte son emploi et celui où elle rentre chez elle. Il y a fort à parier que cette maman-là sera très disponible pour écouter ses enfants lui raconter leurs petits bonheurs et malheurs de la journée. Leur relation gagnera en intimité, en sérénité, en complicité. Beaucoup plus que si cette même maman se jette ventre à terre dans le métro en sortant du boulot et arrive exténuée et excédée à la maison un quart d'heure plus tôt. Dans ce cas de figure, énervements, tensions et conflits sont à prévoir. Avec à la clé, une mauvaise qualité relationnelle et beaucoup de temps perdu…

4

Nos ennemis à la lenteur

« C'est à tort que les hommes se plaignent de la fuite du temps, en l'accusant d'être trop rapide, sans savoir qu'il s'écoule à la bonne vitesse »

Léonard De Vinci

Maintenant que vous en savez plus sur le rapport très personnel que vous entretenez avec le temps et vos objets connectés, maintenant que vous vous êtes dessiné une feuille de route et fixé des objectifs pour savoir quoi faire du temps que vous récupérerez bientôt, cette fois-ci, c'est le moment de passer à l'attaque ! Première étape du programme : neutraliser les voleurs de temps...

Dans nos vies quotidiennes, il existe en effet une quantité d'éléments perturbateurs qui grignotent notre temps. Ils dévorent sans vergogne nos minutes, nos heures et en prime notre énergie ! Sans rien nous offrir en contrepartie si ce n'est du stress puisqu'ils entament notre capital temps disponible sans nous faire progresser le moins du monde dans la réalisation de nos tâches. En bref, ces voleurs de temps sont des parasites dont on aurait tout intérêt à se débarrasser pour gagner en sérénité et desserrer le carcan horaire qui nous étouffe.

Mais qui sont-ils donc ? On aimerait en dresser le portrait-robot pour faciliter leur mise hors d'état de nuire. Malheureusement, cela se révèle assez difficile… Ils ont en effet la caractéristique d'avancer masqués et d'être totalement intégrés à nos habitudes, plutôt mauvaises soit dit en passant ! Dans ce chapitre, nous allons essayer de relever le défi et vous aider à débusquer ces voleurs de temps qui ne font que trop partie de votre paysage.

LES PETITES VOIX INTÉRIEURES

Qui n'en a pas de ces petites voix qui résonnent dans la tête à tout moment de la journée ? « Tu devrais faire ceci ou cela », « tu devrais t'y prendre comme ceci ou comme cela »… À vrai dire, nous n'avons pas la moindre idée d'où peuvent venir ces sommations que nous nous adressons. Sont-elles un héritage de phrases martelées par notre entourage quand nous étions enfants et que nous avons fini par intégrer complètement à notre psychisme et à notre mode de fonctionnement ? Un peu comme un blason familial qui nous aurait marqués de son sceau, comme il aurait marqué avant nous nos propres parents… Ou bien appartiennent-elles davantage à un vaste inconscient collectif que nous avons fait nôtre sans même nous en rendre compte ? Allez savoir… Une chose est sûre : nous ne sommes pas exactement propriétaires de ces voix intérieures. Elles ne sont que des valises, entreposées chez nous, que nous portons pour les autres. Dommage, non ? D'où qu'elles viennent, ces voix sont très présentes chez la plupart des individus. Elles nous imposent des contraintes le plus souvent injustifiées qui nous mettent à mal et chargent encore davantage notre barque déjà bien pleine.

Un psychologue américain, Taibi Kahler, a mis en évidence dans ses travaux les cinq injonctions les plus courantes dont nous sommes tributaires dans nos actions. Une fois que vous les aurez repérées dans votre vie, vous aurez beaucoup moins de mal à leur résister. Et qui sait, à force de ne plus obtenir gain de cause, sans doute finiront-elles par se taire définitivement…

DÉPÊCHE-TOI !

Quelle phrase un petit enfant entend-il le plus souvent ? Parions pour « dépêche-toi ! » Nombreux sont les parents qui, du lever au coucher de leur progéniture, leur assènent ce refrain. Pas étonnant ensuite que ces bambins devenus grands vivent en permanence dans l'ombre de cette injonction à la vitesse. Vite, vite, il faut aller vite, c'est une obligation ! Pour ces esclaves du « dépêche-toi », toute chose prend sa valeur dans la précipitation. Une action effectuée en prenant son temps ne saurait être importante ou valorisante, c'est même presque une faute.

C'est d'ailleurs ce fameux « dépêche-toi » qui nous incite à appuyer sur l'accélérateur de la voiture, même si l'on n'est pas en retard et même si cette prise de risque ne nous fait gagner que trois minutes sur un trajet de vingt… La prochaine fois qu'une petite voix perverse vous susurrera « double-la donc cette voiture qui se traîne devant toi et te ralentit », libre à vous de faire la sourde oreille… ou de lui clouer le bec en lui répondant : « Mais à quoi bon ? »

SOIS PARFAIT !

Les victimes de ce message pourraient aussi bien s'appeler les perfectionnistes. Impossible pour eux de clore un dossier avant d'avoir tout contrôlé dans le moindre détail. Difficile pour eux de déléguer de crainte que les choses ne soient pas parfaitement faites. Compliqué pour eux de prendre du recul tant ils ont le « nez dans le guidon », tant ils sont collés aux missions qu'ils ont à accomplir : pour eux, rien ne se termine précisément, tout est toujours perfectible. Quitte à passer le double du temps sur chaque tâche… En réalité, ils manquent cruellement de confiance en eux. On ne leur a sans doute pas souvent accordé le droit à l'erreur, on a sans doute toujours exigé d'eux qu'ils soient parfaits en toutes circonstances.

La prochaine fois que vous aurez un rapport à rendre, et si vous vous contentiez de le relire deux fois au lieu des quatre habituelles ? La prochaine fois que vous ferez du repassage, et si vous acceptiez qu'il puisse y avoir un faux pli parfois ? Qui va en mourir ? Personne, c'est sûr ! Et vous aurez grappillé de précieuses minutes pour vous, c'est tout aussi certain !

LES DEBUTS DU SELF CONTROL

Fais-moi plaisir !

Dans certaines familles, l'abnégation est de mise. Il est de tradition de toujours dire oui aux autres, d'essayer de satisfaire les demandes de tout le monde. Même quand on pense très fortement non. Résultat, on se retrouve sempiternellement embarqué dans des activités dont on ne voulait pas, pire même très souvent dans de monstrueuses galères. Au surplus, avec une parfaite bonne conscience : même si on est débordé, on a fait plaisir, on n'a pas déplu, donc tout va bien…

Vous vous reconnaissez ? C'est vous quand vous acceptez de reconduire votre belle-mère chez elle en voiture alors qu'un tramway lui permettrait d'être chez elle en quinze minutes et que cela vous éviterait de terribles embouteillages… ça serait si difficile de lui dire « Mamie, je vais plutôt vous emmener à l'arrêt du tramway, ce sera plus pratique car à cette heure j'ai le dîner à préparer » ? Vous verrez que cela deviendra vite une habitude !

Essaie encore !

Pour certains, pas question que la vie soit facile et agréable : elle passe forcément par une somme de contraintes et d'efforts. Toute tâche devient un pensum et là où il pourrait y avoir du plaisir, mieux vaut le chasser ! Cette attitude est souvent le fruit d'une éducation stricte et austère. Un temps utile, jamais futile. Seule une activité a de la valeur, surtout pas le repos ou la flânerie.

La prochaine fois que vous aurez un petit quart d'heure de liberté, plutôt que d'attaquer d'ores et déjà l'étude du dossier suivant, pourquoi ne pas le consacrer à un pur moment de plaisir, de rêverie, d'ennui ? Une bonne façon de faire taire cette maudite voix qui vous impose en permanence l'effort et d'en écouter une autre, celle qui vous autorisera enfin à « perdre » un peu de votre si précieux temps.

Sois fort !

Les victimes de ce message « subliminal » croient n'avoir besoin de personne. Face à un problème, ils se font un point d'honneur à ne pas se faire aider, à trouver des solutions par eux-mêmes… alors qu'ils pourraient souvent gagner de précieuses minutes en acceptant de faire appel à quelqu'un de plus compétent qu'eux sur un point précis. Mais non ! Ils préfèrent ne pas exprimer ce qu'ils prennent pour des faiblesses, prendre sur eux et serrer les dents. Quitte à être en permanence débordés et près de la rupture personnelle ou professionnelle. Quitte à couler avec le navire. Par contre, du moment qu'ils sont restés fiers et droits, l'honneur est sauf…

Savez-vous que demander de l'aide n'a rien de déshonorant ? C'est simplement faire preuve d'humilité que de reconnaître que nous ne sommes pas en mesure de tout savoir sur tout. Quoi de plus naturel ? Essayez d'y penser la prochaine fois que vous piétinerez sur un dossier depuis trois jours, alors que dix autres sont déjà en train de s'accumuler ! Un collègue pourra certainement vous permettre de sortir de cette impasse en quelques phrases échangées.

Déculpabilisez !

Vous l'avez sans doute remarqué, toutes ces insinuations personnelles fonctionnent sur un seul et même ressort commun : la culpabilité. Voilà ce qui vous empêche le plus souvent de les envoyer balader et de les traiter par le mépris : vous vous sentez coupable de ne pas être en accord avec ce que vous croyez qu'on attend de vous. Combien de fois n'avez-vous pas ressenti une irritabilité de vos interlocuteurs lorsqu'ils cherchent à vous joindre et qu'ils n'y parviennent pas ? Après coup, n'avez-vous pas constaté que le message qu'ils cherchaient à vous transmettre n'était pas si important que ça ? Coupable de dire non alors qu'on vous a appris à toujours être disponible. Coupable d'aller lentement alors qu'on vous a inculqué la rapidité comme valeur suprême au berceau. « L'enfer, c'est les autres » nous prévenait Jean-Paul Sartre.

Pour conquérir la lenteur, il va donc aussi vous falloir conquérir votre liberté, vaincre cette culpabilité qui vous empêche de vivre comme vous le voudriez tout bonnement, à la vitesse de l'escargot si cela vous chante ! Pas facile de remettre en cause toute une éducation. Pas seulement celle des parents d'ailleurs, mais de tous les gens que vous avez pu croiser sur votre route, famille élargie, enseignants, animateurs sportifs, amis proches, personnes admirées. Tous ont contribué à vous façonner et vous transmettre des messages de modes de vie.

S'attaquer à la culpabilité de ne pas être un fonceur est une tâche d'autant plus difficile dans notre société où, on l'a vu, la lenteur n'a pas toujours bonne presse. Peu de gens parviennent à s'affranchir totalement de ce sentiment de mal faire quand ils s'allongent dans une chaise longue loin de leur smartphone ou de leur tablette... Dans bien des endroits, le farniente est tabou, assimilé au péché. Que dit-on des peuples des pays chauds adeptes de la sieste ? Qu'ils sont paresseux ! Sans penser qu'à l'heure où le soleil cogne, la meilleure des stratégies est d'économiser ses forces pour être ensuite plus efficace quand la chaleur déclinera et qu'on se remettra à notre labeur. Notre système de pensée nous interdit d'aller si loin dans le raisonnement et nous cantonne à une sur-activité pas toujours réfléchie notamment vis-à-vis des nouvelles technologies... ainsi qu'à la culpabilité quand on y déroge. Tous ceux qui réussiront à prendre conscience de ce hiatus seront sur la bonne voie pour oser la lenteur et décélérer...

Apprenez à considérer la culpabilité comme un élément totalement inutile, car elle ne fait que vous freiner et vous empêcher de changer. Mise en situation : vous vous êtes autorisé une sieste, pourtant à peine allongé, vous vous retournez dans tous les sens, incapable de vous poser, d'éteindre votre smartphone, de vous lâcher. « Quand même, avec tout ce que j'ai à faire et à voir, je perds mon temps... » ne pouvez-vous vous empêcher de vous tancer, prêt à vous relever d'un bond. Face à ce genre de pensée coupable, forcez-vous à ne pas céder, en vous rappelant votre objectif initial qui était de faire une bonne petite sieste salvatrice. Vous avez tout autant besoin de recharger les batteries que de nettoyer le sol de la cuisine ! Apprenez petit à petit à entrer en résistance contre la culpabilité. C'est elle la pire ennemie de la douceur de vivre.

Connaissez-vous la bande des chronophages ?

Les petites voix intérieures ne sont pas les seules voleuses de temps. Il existe toute une ribambelle de chronophages dont la seule ambition est de se repaître goulûment de votre temps ! Un chercheur américain, Alec MacKenzie, s'est amusé à faire établir par un groupe de responsables issus de diverses nationalités, leur liste de voleurs de temps. Résultat ? Ces listes sont pratiquement interchangeables d'une personne à l'autre. Peut-être allez-vous aussi vous y retrouver…

Attention aux voleurs externes !

- Appels téléphoniques imprévus ou inutilement longs.
- Collègues ou collaborateurs entrant intempestivement dans le bureau pour exposer leurs problèmes ou faire la conversation.
- Politique de la porte ouverte en permanence, « devoir de disponibilité ».
- Visiteurs, clients, fournisseurs débarquant à l'improviste.
- Personnel insuffisamment formé, par exemple un secrétariat déficient.
- Le patron ou pire, plusieurs patrons !
- Repas d'affaires, cocktails et autres soirées professionnelles.
- Réunions trop fréquentes, trop longues par manque de préparation.
- Manque d'informations et de communication. Ou à l'inverse, trop d'informations.
- Démarches administratives, personnelles et familiales.
- Entretien, réparation des machines en panne (voiture, lave-linge etc.).
- Rendez-vous où il faut conduire les enfants (médecins, sport, musique etc.).
- Ménage, courses, cuisine.
- Interruptions par ses enfants, ses parents, ses amis, ses voisins.

Mais aussi aux voleurs internes…

- Priorités et objectifs confus, changeants
- Absence de plan de travail au quotidien
- Travaux non terminés, laissés en attente.
- Pas de date limite auto imposée.
- Tendance à en faire trop, perfectionnisme à outrance.
- Manque d'ordre, bureau mal rangé.
- Confusion et doublon dans les responsabilités.
- Délégation insuffisante.
- Retard à traiter les conflits qu'on laisse « pourrir ».
- Résistance au changement, à la nouveauté.
- Intérêts dispersés et trop nombreux.
- Inaptitude à dire non.
- Indécision ou décisions trop rapides.
- Fatigue, baisse de forme.

Mes voleurs de temps

Parmi toute cette bande, vous avez certainement reconnus ceux qui vous mènent la vie dure ! N'hésitez pas à relire avec attention la première liste, celle des voleurs externes. « Je n'y suis pour rien ! » pourrez-vous être tenté de vous défendre d'emblée. « Ils ne m'incombent pas, ils viennent de l'extérieur » poursuivrez-vous. Est-ce si sûr ? N'avez-vous pas l'impression qu'une bonne partie de ces voleurs externes ne sont en fait que des voleurs internes camouflés ? Reprenez-les un par un et vous verrez qu'ils sont souvent ni plus ni moins que les compères de deux voleurs internes : l'incapacité à dire non et la délégation insuffisante.

Honnêtement, si vous osiez être un peu ferme et dire non, est-ce que le tout un chacun débarquerait dans votre bureau à l'improviste pour vous interrompre ? Est-ce que vos enfants vous en demanderaient toujours plus ? Et si vous acceptiez de réellement déléguer, en prenant le temps d'expliquer ce que vous attendez, ne pensez-vous pas que vos collaborateurs, votre entourage seraient plus efficaces ?

Autrement dit, le manque de temps ne vient pas seulement d'ailleurs et des autres… mais bien souvent de soi. Certes les voleurs de temps existent bel et bien sous des formes diverses et variées avec, entre autres, votre rapport aux écrans. Cependant, il ne tient qu'à vous de les démasquer et de leur faire rendre le butin dérobé. La détox temporelle est à portée de main !

Mieux vaut la paix que la guerre !

Autre tableau sur lequel vous pourrez reconquérir des heures inutilement gaspillées : les relations humaines conflictuelles. Au bureau, à la maison que de temps perdu à cause de disputes qui empoissonnent l'atmosphère et empêchent un fonctionnement harmonieux ! Les conflits en soi n'ont rien d'anormaux. Il est tout à fait légitime qu'au sein d'un couple, entre parents et enfants, entre collègues, entre subalternes et supérieurs des désaccords émergent parfois et s'expriment. Ce qui l'est moins, c'est qu'ils soient nombreux, répétés et que l'on soit dans l'incapacité de les gérer. Leurs répétitions régulières les transforment alors en épouvantables mangeurs de temps !

Tout d'abord, pourquoi tant de discordes ? Différentes hypothèses. Les « disputeurs » les plus fervents ont souvent tout simplement peur des autres. Peur d'être envahis, peur qu'on ne respecte pas leur territoire, peur qu'on cherche à les soumettre. Souvent, l'abus des nouvelles technologies va de pair… Alors, ils attaquent ou vivent la moindre remarque comme une agression, déclenchant immanquablement le conflit. Autre profil de chamailleurs : ceux qui ne savent pas gérer leurs émotions. Soit ils les contiennent jusqu'à exploser, soit ils les déversent sans retenue provoquant évidemment des réactions de rejet en face.

Vous vous reconnaissez dans ces façons de fonctionner ? Une piste pour calmer le jeu et du coup, consacrer votre temps à autre chose que des cris ou des bouderies : la communication. En effet, on ne peut pas ne pas communiquer. Quand vous sentez qu'un petit nuage est en train de se constituer entre vous et votre conjoint, avec un de vos enfants ou avec un collègue, parlez-lui en tout de suite, sans attendre l'orage. « J'ai l'impression qu'il y a un souci. Ton attitude m'étonne. » Puis écoutez ce qu'il a à vous dire. Et enfin, échangez, tentez de trouver une solution, un terrain d'entente nécessaire. Essayez de mettre en pratique ce triptyque gagnant : parler, écouter, échanger. Et vous constaterez à quel point le temps se perd souvent en chamailleries totalement sans intérêt !

De toute façon, vous entraîner à une communication saine et efficace ne pourra que vous être utile. Car il ne suffit pas de bâtir votre projet lenteur tout seul dans votre coin. À un moment donné, il faudra l'exposer, expliquer votre désir de changement… et obtenir l'adhésion minimale de votre entourage. Difficile en effet d'endosser le rôle de la tortue si l'on est entouré de lièvres enragés qui ont besoin d'une détox en urgence ! Mieux vaut donc commencer à affûter vos arguments et vos capacités de persuasion dès maintenant. Sachez-le : il n'est pas de bon ton de faire différemment, d'invoquer la décélération quand tout le monde a opté pour la précipitation. La différence fait peur et suscite plus d'opposition que de compréhension, même parmi ses proches…

Et le couple dans tout ça ? Lui aussi pourrait-il se bonifier sous le signe de la lenteur ? Sans aucun doute. En amour, la lenteur c'est le temps nécessaire qui permet au désir de monter, au plaisir de s'épanouir et de prendre toute sa dimension. S'offrir, dès que possible, des ébats longue durée, où l'on s'accorde le loisir de redécouvrir le corps de l'autre, ses petits mystères et ses réactions, rien de tel pour se rapprocher. Plutôt que d'aller toujours droit au but comme si le temps était véritablement compté, comme si le repassage ou le bricolage qui attend était plus important que faire l'amour, pourquoi ne pas prendre le loisir de déshabiller lentement son partenaire comme on effeuille une marguerite ?

Et puis d'un point de vue strictement relationnel, si on ne décélère pas, comment percevoir chez l'autre que quelque chose ne va pas ? Comment avoir ces petits gestes qui en disent beaucoup et pacifient les rapports humains ? L'écoute et l'attention ne peuvent se passer de temps. Or, le couple n'est pas en mesure de se passer d'écoute et d'attention…

Voilà une transition bien utile pour introduire un autre de ces mouvements Slow et certainement le plus vieux du monde : le Slow Sexe ou le plaisir de la lenteur érotique ! Mais cette fois-ci, tout d'abord un petit test afin d'évaluer votre potentiel à la décélération en matière de sexualité.

LE SLOW SEXE

Cessons donc de vouloir rivaliser avec Rocco Siffredi et ses compères. La sexualité ne devrait pas se résumer à une question de performance puisque chacun sait ou devrait savoir qu'on n'atteint pas la jouissance comme on décroche une médaille olympique. Ces dernières années, l'évolution de la sexualité a été marquée par l'influence des nouvelles technologies. Le porno, qui n'était pas forcément facile d'accès dans les décennies précédentes, est désormais gratuit et à portée de quelques clics sur internet. Pire : il s'échange désormais d'un téléphone portable à l'autre, d'une tablette à l'autre… Éduqués par le porno, les plus jeunes se forgent des conceptions très machistes et mécaniques de la sexualité. Avec cette vision, ils en viennent à considérer leurs partenaires féminines comme des objets sexuels soumis, ou des « salopes » comme les films X les appellent.

Autre nouveauté occasionnée par les nouvelles technologies : le cybersexe ou rapport virtuel. À travers des vidéos ou un forum de discussion, chacun se masturbe dans son coin. Ces rapports désincarnés peuvent engendrer des dérapages exhibitionnistes narcissiques, des comportements addictifs sur le modèle des jeux d'argent et donc renforcer l'isolement et la pauvreté de la vie sexuelle. Malheureusement, le stress inhérent à nos vies en accéléré semble avoir envahi notre espace intime, au sein duquel, surmené, en manque de temps, usé par ce train de vie, on devient incapable de réaliser des câlins et des caresses dignes de ce nom.

Pour les adeptes du Slow Sexe, rien ne vaut les préliminaires associés à la lenteur qui assurent un plaisir accru basé sur l'écoute des sensations réciproques et une montée progressive du désir. Les partisans du Slow Sexe préfèrent privilégier un chemin vers un état de conscience élevée, plutôt qu'une destination avec un résultat incertain. Ainsi, la lenteur serait bel et bien une voie d'épanouissement sexuel pour les couples selon la sexothérapeute Diana Richardson, animatrice d'ateliers Slow Sexe depuis 1993. Elle détaille dans son dernier ouvrage la pratique du Slow Sexe et recommande d'adopter une forme de spiritualité de type Tantrique dans la sexualité tel un chemin menant à un stade plus élevé de la conscience et de la connaissance au sens bouddhique. Idéalement, la relation entre les partenaires devrait tendre vers l'accomplissement mutuel d'un idéal de l'amour, autour d'un sentiment profond de sécurité et de confiance en l'autre. En définitive, c'est le chemin parcouru qui importe, pas le but.

POUR EN SAVOIR PLUS

Le tantrisme est une pratique de méditation indienne libératrice utilisée pour faire l'amour autrement reposant sur le ralentissement amenant la confiance et la sécurité émotionnelle, afin de mieux entrer en relation avec son partenaire. En amour, cela permet aux couples de nourrir leur intimité à l'aide de techniques corporelles visant à faire mûrir leur relation dans une union parfaite du corps et de l'esprit. En sortant du piège de la pulsion et de la performance, la pratique tantrique amène une transformation des façons de faire l'amour de manières plus vibratoire, énergétique et spirituelle et ce, au cours d'un rapport allant de deux à trois heures. Concrètement, la pratique du Slow Sexe à l'aide du tantrisme suscite une plus grande présence à l'autre, et en s'appuyant sur une communication verbale et non verbale, cet art de la lenteur associé à la sexualité permet de goûter à la jouissance « Ici et Maintenant » grâce à de meilleurs contacts visuel, auditif et kinesthésique.

TEST : « ÊTES-VOUS PRÊT POUR LE SLOW SEXE ? »

Répondez par oui ou par non à ces vingt questions.

1. Le plus stimulant pour moi, c'est le plaisir de l'autre.

   ❑ OUI ....❑ NON

2. L'important, c'est que chacun sache ce qu'aime l'autre.

   ❑ OUI ....❑ NON

3. Les jouets sexuels sont une source de nouveaux plaisirs.

   ❑ OUI ....❑ NON

4. Dans la sexualité, les préliminaires comptent autant que l'acte sexuel.

   ❑ OUI ....❑ NON

5. La masturbation est une voie d'épanouissement de ma sexualité.

   ❑ OUI ....❑ NON

6. On devrait parvenir à tout se dire de nos fantasmes !

   ❑ OUI ....❑ NON

7. Les tabous n'aident pas à avoir une sexualité épanouie.

   ❑ OUI ....❑ NON

8. Toujours d'accord pour découvrir et expérimenter d'autres positions du corps.

❑ OUI ....❑ NON

9. L'amour peut se faire partout et surtout ailleurs que dans un lit.

❑ OUI ....❑ NON

10. Les appels téléphoniques coquins ou les sextos entre nous participent à l'envie de se retrouver.

❑ OUI ....❑ NON

11. Regarder un bon film érotique ou pornographique alimente notre couple.

❑ OUI ....❑ NON

12. S'embrasser est un passage souvent nécessaire à une bonne relation sexuelle.

❑ OUI ....❑ NON

13. Lire ensemble un livre érotique met du piment dans notre vie de couple.

❑ OUI ....❑ NON

14. Se caresser ou se masser mutuellement tout le corps est une voie de découverte de plaisirs sexuels intenses.

❑ OUI ....❑ NON

15. La pratique de jeux érotiques participe à la montée du plaisir sexuel.

❑ OUI ....❑ NON

16. Je suis pour faire l'amour en explorant tous les univers sensoriels.

❑ OUI ....❑ NON

17. La curiosité est un vilain défaut… sauf en amour !

❑ OUI ....❑ NON

18. L'amour, c'est comme le cinéma ; quand on n'y va plus, on perd le goût des films !

❑ OUI ....❑ NON

19. J'aime qu'on se parle quand on fait l'amour.

❑ OUI ....❑ NON

20. Je préfère toujours avoir des relations sexuelles à un moment précis.

❑ OUI ....❑ NON

RÉSULTATS

Entre 0 et 5 : le Slow Sexe semble une voie difficile à découvrir aujourd'hui. « Il y a toujours plus important à faire que l'amour. C'est bon quand on est un jeune couple. » Ah bon ? La solidité d'un couple se construit aussi à travers la sexualité, ça serait dommage de négliger cet aspect de la relation amoureuse !

Entre 5 et 10 : il ne manque pas grand-chose pour que vous tentiez d'explorer le Slow Sexe ! Alors, pour ne pas « vous perdre de vue », découvrez ensemble, sans crainte ni jugements, vos corps, vos sens, et cela pourrait véritablement se révéler gagnant pour l'harmonie de votre couple.

Entre 10 et 15 : vous y êtes presque ! Il suffirait d'un rien pour que votre couple bascule dans la découverte d'autres plaisirs. En communiquant un peu plus, chacun pourrait alors se dévoiler à l'autre. Il y a tellement de choses à expérimenter maintenant.

Entre 15 et 20 : l'amour semble être pour vous un véritable terrain de jeux ! Bravo, le Slow Sexe pourrait vous intéresser et dynamiser un peu plus votre vie de couple déjà très riche ! Associée à vos univers de fantasmes, cette nouvelle pratique se révélera payante, tant au niveau d'autres plaisirs trouvés que de la complicité ainsi améliorée. Vous vous jouez des situations coquines et expérimentez tout ce que la planète sexe est en passe de vous apporter au niveau de l'univers des sens ! Le Slow Sexe : une bonne façon d'entretenir et d'améliorer votre vocabulaire amoureux.

5

Faire mieux et plus lentement au travail

« Se réunir est un début ; rester ensemble est un progrès ; travailler ensemble est la réussite »
Henry Ford

Au travail, le temps nous fait souvent souffrir… Pourtant, il n'y a pas si longtemps, notre espace professionnel prenait place essentiellement entre les quatre murs de notre bureau. Mais aujourd'hui, chacun a accès à tous, à tout et en permanence ! Et voilà que le monde professionnel s'exporte au-delà des frontières qui lui sont dévolues pour s'inviter jusqu'à notre table, en volant ce temps personnel, bien à nous. Le numérique a en effet brouillé les frontières qui existaient entre la vie professionnelle et la vie personnelle. En restant suspendu à nos dossiers qui peinent à être bouclés dans les délais, en étant toujours joignables par nos collègues, supérieurs et secrétaires qui multiplient les demandes urgentes, ou sollicité par le téléphone qui n'arrête pas de sonner et par les e-mails qui arrivent sans cesse à flux tendu, nous sommes comme tenus en laisse par le numérique… Et je passe sur les clients qui veulent être satisfaits dans la seconde au nom de cette logique de compétitivité imposant de répondre en temps réel aux multiples sollicitations. Nous voilà pris dans un rythme infernal, avec la sensation permanente d'être pressurés, acculés.

Comment tenir à ce train d'enfer sans vous ménager un peu ? Des pauses réparatrices s'imposent pour rester efficace, car en travaillant différemment, vous serez plus performant. Voilà pourquoi nous vous apporterons quelques trucs et astuces pour ralentir ces cadences professionnelles et échapper à cette course devenue folle ! À l'évidence, bien plus facile à dire qu'à mettre en pratique !

Seulement attention, ne nous trompons pas de combat. Le but n'est surtout pas d'appliquer les recettes de quelques gourous en gestion du temps pour en faire encore plus, pour surcharger son planning comme une valise sur laquelle on saute à pieds joints pour la fermer ! Non. L'objectif est tout simplement de gagner quelques minutes quotidiennes afin de ne plus être constamment dans l'urgence. De trouver son rythme personnel, celui qui nous convient, même s'il est plus lent que celui qu'on veut nous imposer.

En amont de cette révolution à mener indéniablement au travail afin d'y retrouver de la satisfaction, un mouvement Slow s'est créé depuis une vingtaine d'années autour d'un leadership empreint de proximité et qui prend son temps en replaçant l'humain au centre de la performance : le Slow Management.

LE SLOW MANAGEMENT

Le mouvement Slow Management a émergé en 2001 dans un contexte de fortes tensions et d'insatisfactions au travail. Le but du mouvement consiste à combattre plus efficacement le stress professionnel perçu il y a encore quelques années comme une valeur positive grâce à des pratiques managériales alternatives utilisant des leviers opérationnels spécifiques tels que l'autonomie, la prise de décision ou l'estime de soi des travailleurs. Cette nouvelle pratique se caractérise par une optique réformiste, sensible aux besoins et aux préoccupations des travailleurs et par la volonté de remettre de l'humain dans l'entreprise. À l'aide d'un management de proximité, dirigeants et cadres accordent du temps aux ressources humaines, pour redonner du sens à l'activité de chaque travailleur. En ne faisant pas spécialement l'éloge de la lenteur et en opposition au « Fast Management » essentiellement basé sur des objectifs souvent inatteignables, ce concept consiste à définir des cibles à atteindre sur une période donnée, pour renforcer la motivation des travailleurs. En rééquilibrant le rapport entre travail et capital, les termes antagonistes Slow et Management forment un binôme susceptible de renverser par l'action collective cette culture de la performance à bout de souffle.

Le Slow Management est-il sérieusement en passe de détrôner le Fast Management ? Observons que le système capitaliste a engendré un modèle d'homme surmené et fracturé entre l'excitation d'une carrière professionnelle menée tambour battant et le désespoir de ne pas réussir à reprendre la main sur son existence. Or cette hyperpression au niveau professionnel impose des accélérations telles que pour conserver sa place, le travailleur se retrouve confronté à des débordements pouvant conduire à des pathologies professionnelles comme le syndrome d'épuisement professionnel ou burn-out. Multitasking, hyperconnexion, hypermobilité et autres objectifs inaccessibles font que le temps manque, pour soi, et pour les autres… La Slow Entreprise et son nouveau management pourront-t-ils relever le défi ?

Force est de constater que depuis l'horrible vague de suicides à France Télécom, la réflexion générale sur le bien-être en entreprise et la gestion du stress sont devenus des domaines de pointe. Le mouvement Slow Management semble se développer mais sans réussir à atteindre à ce jour une légitimité afin qu'il devienne un acteur incontournable dans le paysage du monde du travail. Mais depuis quelques années déjà, des entreprises ont commencé à se poser des questions sur la gestion du temps pour leurs salariés et ont constaté que beaucoup d'entre eux étaient en difficultés, en manque cruel et perpétuel de temps, en état de stress absolu. D'où les initiatives présentées ci-dessous, et d'autres visant à proposer certains services au sein même de l'entreprise pour soulager ces travailleurs au bord de la crise de nerfs ! Soit dans un registre pragmatique (crèches, service postal, développement des photos par le comité d'entreprise, pressing…), soit dans le domaine de la détente (massages, soins esthétiques, salles de repos…).

Cependant, bien que ce mouvement comporte tout de même des éléments proches de la philosophie Slow, en valorisant des notions telles que le plaisir au travail et les relations humaines, il ne propose pas de réelle remise en question de notre système capitaliste libéral. On pourrait même pousser plus loin pour dire que ce mouvement vise, adossé à un ensemble de théories sur la gestion des ressources humaines, à essentiellement « favoriser » l'efficacité des travailleurs pour une meilleure productivité en entreprise. Autrement dit, derrière l'intention louable d'apporter du bien-être à ses employés à travers la satisfaction de leurs besoins, se cache a priori une nouvelle façon de s'assurer de leur obéissance…

POUR EN SAVOIR PLUS

On observe, quinze ans plus tard, çà et là, quelques initiatives voire expériences de Slow Management. Cependant, malgré le poids des risques psychosociaux, peu nombreuses sont les entreprises à vouloir s'y adonner. Des grands groupes comme Nestlé, Volkswagen, Hewlett-Packard ou Harley-Davidson, mais aussi des entreprises telles que Triballat (agroalimentaire) avec sa « green attitude » ou SAS France (logiciels pour l'analytique) avec ses « petits-déjeuners-solutions à apporter » – chacun partage ses petits problèmes professionnels pour y remédier en commun – ont déjà bien avancé sur la voie Slow. D'autres plus petites structures telles l'imprimerie Coquand (PME écoresponsable), une des premières labellisées « Imprim'vert » ou Digitaleo (marketing digital) avec ses réunions participatives, sa grande flexibilité d'horaires complétée par du télétravail, réussissent à réellement se transformer en Slow Entreprise.

Maintenant que vous connaissez l'existence du Slow management, procédons à un petit examen de conscience : comment voyez-vous vos relations professionnelles avec vos collègues, avec votre employeur ? Quel est votre rapport au numérique ? Avez-vous déjà éprouvé des problèmes de concentration, voire de contre-productivité ? Et si vous décidiez de passer à l'action en décélérant ? Voici quelques pistes à explorer au travail.

Le temps du passage à l'acte !

Lâcher prise

Cinq minutes à caser selon le bon vouloir de chacun durant ses horaires de travail et pendant lesquelles on se vide la tête, on laisse divaguer son esprit. Ceux qui ont un peu de mal à s'évader sans bouger de leur bureau pourront s'aider avec une musique planante à écouter dans leur smartphone. Efficace et discret. Assis confortablement le dos en appui, les pieds posés au sol légèrement écartés, les mains à plat sur le bureau, les yeux clos : une attitude corporelle qui permet d'éviter les tensions musculaires et facilite le relâchement. C'est parti pour un petit voyage au pays des songes !

Curieux conseil ? Est-ce bien raisonnable de gaspiller cinq minutes alors qu'on cherche désespérément à en récupérer ? Justement oui ! Des études ont montré que l'esprit se montre beaucoup plus vif quand il sort d'une période d'accalmie. C'est à ce moment précis que des décisions sont prises, que des solutions émergent, que des situations se débloquent, que des prises de conscience ont lieu. Pour se montrer créatif et inventif, notre cerveau a besoin d'être régulièrement déconnecté de l'urgence et mis en veilleuse.

Voilà aussi pourquoi nous vous encourageons à ne pas lire vos mails le soir, en dehors de vos horaires de travail. Stop aux pollutions du travail chez soi ! Ça tombe bien puisque depuis le 1er janvier 2017 est entrée en vigueur l'une des mesures phares de la loi Travail de Myriam El Khomri (article 55) : le droit à la déconnexion. En clair, le droit de ne plus avoir à répondre à ses mails professionnels en dehors des heures de travail. Légalement, finie la connexion en permanence avec son entreprise !

Cela dit, sans caractère obligatoire, cette incitation légale semble assez vaine quant au retour au bon usage du mail et sur l'équilibre à trouver entre vie privée et vie professionnelle.

Priorisez vos tâches

De quoi est composée une journée de travail ? D'une succession de tâches à accomplir. Et c'est à chacun de décider dans quel ordre il va les effectuer. Mais curieusement, d'éminents chercheurs l'ont montré, nous avons tous ou presque la même manière de procéder. Nous commençons par ce qui nous plaît avant ce qui nous déplaît, par ce qui va vite avant ce qui prend du temps, par ce qui est facile avant ce qui est difficile, par ce que nous savons faire avant ce qui est nouveau pour nous, par ce qui est urgent avant ce qui est important, par ce que d'autres nous demandent avant ce que nous avons choisi. Résultat, nous nous retrouvons en fin de journée avec tous les travaux les plus rébarbatifs, les plus compliqués et que nous maîtrisons le moins. Pas terrible…

À nous de changer notre fusil d'épaule. En établissant chaque jour une liste de ce que nous avons à faire d'ici le soir. Et en affectant à chaque activité un « ordre de passage ». En premier, le plus compliqué, le plus nouveau, ce qui est long à faire et nous déplaît. Cette petite activité de recensement et de classement oblige à s'interroger sur chaque tâche et sur le nombre de personnes qui en dépendent, son contenu, la manière de l'aborder, le temps qu'elle demande. Sans s'en rendre compte, on est déjà en train de gagner du temps ! Important : le faire par écrit crée une sorte de contrat moral avec soi-même. Les écrits restent…

Attention au piège fréquent de négliger les sujets importants sous prétexte qu'ils ne sont pas urgents. Un exemple : diffuser un message dans tous les services de l'entreprise ou approfondir les relations avec certains collègues d'un autre service pour imaginer un travail en commun. Ce n'est pas forcément très urgent, pour autant, cela peut se révéler éminemment stratégique. Sur notre petite liste quotidienne, quelques minutes devront donc être dévolues à ces questions de fond, même si aucun compte n'est exigé par quelqu'un dans l'immédiat.

Apprenez à déléguer vraiment

Rien de tel pour alléger son agenda que de confier des tâches à ses collègues ou à sa secrétaire. Pourtant, nombreux sont ceux qui ne s'y résolvent pas. Souvent suite à de mauvaises expériences : le travail n'a pas été fait tel qu'ils le souhaitaient, ils ont du tout refaire… et au final ont perdu du temps ! Avant de renoncer purement et simplement à cette solution, il faudrait probablement l'explorer un peu plus avant, apprendre à s'en servir mieux.

À nouveau, tout commence par une liste ! Quelles sont les tâches qu'on effectue soi-même et que d'autres personnes au sein de l'équipe auraient les compétences de prendre en charge ? Un moyen radical pour faire le tri : s'imaginer reprendre son activité après un infarctus et être obligé de travailler que quatre heures par jour, sur ordre du médecin !

Face à une telle extrémité, que conserver, que déléguer ? Un peu expéditif, mais néanmoins très parlant.

Ensuite, pour chaque mission, quelle est la personne la plus à même de s'en occuper ? Celle qui se sentira valorisée et donc motivée, ou bien celle qui traite des dossiers connexes et connaît donc déjà le contexte, ou encore celle qu'on a repérée à d'autres occasions comme étant particulièrement adaptable et réactive. Reste enfin à soigner sa délégation, c'est-à-dire à prendre le temps de noter par écrit ce que l'on attend exactement et les moyens précis pour y arriver. On ne délègue pas pour tester et piéger quelqu'un : au contraire, tous les conseils qui pourront l'aider et lui épargner des erreurs éviteront des déconvenues à tout le monde. Évidemment, tout cela se fera dans la durée, mais se révélera nettement plus efficace que de vagues explications confuses jetées entre deux portes ! Le recours à l'écrit permet toujours de clarifier les choses et de se rendre compte des éventuelles difficultés.

La recette miracle réside dans la confiance : quand on délègue, il est nécessaire de le faire volontiers et pas du bout des doigts, en étant persuadé que la personne choisie s'en sortira très bien. Inutile de vérifier son travail à tout bout de champ, ce serait beaucoup de temps perdu. La mission sera évaluée à la fin et des améliorations éventuellement suggérées à ce moment-là.

La bonne gestion des mails au travail

Qu'il est tentant de s'arrêter toutes les deux minutes de travailler pour consulter sa messagerie électronique ! Et hop, on répond à un petit message par-là. Et hop, on fait une petite recherche par-ci pour répondre à cet autre. Que de temps volatilisé, que de concentration brisée en mille morceaux et difficile ensuite à rétablir... Ne devenons pas esclave de notre messagerie par l'intermédiaire d'une hyperconnexion a priori exigée par notre activité. L'ordinateur est censé être un assistant, pas un maître capricieux ! Pour ne pas être dérangé en permanence, pensons à désactiver les alertes automatiques des courriers entrants. Cela évite d'entendre dix fois par heure un petit jingle très perturbateur ! Essentiel aussi : s'offrir un « antispam » afin de ne plus être assailli de fenêtres publicitaires et autres pop-up. Ces courriels que certains appellent judicieusement des « pourriels » rendent difficile la lecture des vrais messages et l'on perd un temps précieux à les supprimer. Rien n'empêche non plus de demander à certains proches de cesser l'envoi de messages humoristiques à la chaîne : là encore, ils sont souvent envahissants... et pas toujours hilarants. Pourquoi ne pas les réserver à l'ordinateur du foyer ?

Enfin, la solution infaillible pour résister à la pression des mails consiste à s'accorder trois créneaux horaires très précis dans la journée pendant lesquels on les traite. Lire ses messages et y répondre le matin à son arrivée, après le déjeuner et avant son départ en fin de journée devrait suffire amplement et éviter la dispersion nuisant sur la durée à votre capacité de concentration.

Bien ranger son bureau

On a vite fait d'accumuler les minutes perdues quand on passe son temps à chercher un stylo qui ne soit pas à sec, des recharges pour son agrafeuse ou son rouleau de scotch !

Dommage… Un bon ouvrier est bien équipé, nous répétait-on à l'école primaire. Vingt ou trente ans plus tard, le message est toujours d'actualité ! Un peu de tri s'impose donc au bureau pour ne garder que le matériel minimum, en parfait état de marche et toujours rangé au même endroit pour le retrouver dans la seconde, sans même y réfléchir.

Les documents empilés sur le bureau dans le désordre le plus total : voilà bien une habitude dévoreuse de minutes, voire d'heures. Quand il s'agit de retrouver rapidement un papier important, c'est la panique. À chacun d'imaginer un classement adapté à ses activités, pourvu qu'il y en ait un ! Pourquoi ne pas prévoir une corbeille format A4, sur un coin du bureau, dans laquelle on entrepose le courrier, les documents qu'on vient de recevoir et qu'il va falloir classer ou traiter ? Un genre de gare de transit en quelque sorte. Pour ceux qui sont amenés à travailler sur plusieurs dossiers à la fois, rien de mieux que des chemises en carton, avec un code couleur : le rouge pour le plus urgent, le vert pour les affaires à voir avec le supérieur, le jaune pour les demandes des clients, etc.

Côté agencement, en dehors d'un open space, rien n'oblige à positionner son bureau face à la porte. Pour peu qu'elle ne soit pas toujours fermée, c'est un risque indéniable de se laisser distraire par la vie des couloirs, ou d'inciter les collègues à passer une petite tête pour papoter. Installé de côté par rapport à la porte, on est moins réceptif aux éventuelles distractions venant de l'extérieur. Au chapitre déco, nous ne plaiderons pas pour le style monacal ! Une photo illustrant ses passions ou une belle reproduction de peinture : autant de touches personnelles qui donneront de la chaleur et contribueront à la relaxation.

Respecter son rythme de travail

Nous sommes tous tributaires de nos rythmes biologiques : au cours d'une journée, en fonction de nos productions hormonales, notre potentiel énergétique dessine des montagnes russes, nous rendant tour à tour dynamiques ou plutôt apathiques ! Puisque ce livre ne parle que de ça, d'oser s'écouter pour vivre en harmonie avec soi-même, le moment est venu de se mettre en adéquation avec ces variations naturelles. Pour cela, nous vous conseillons la mise en place de pauses sur votre lieu de travail. Ces pauses accordées vous aideront à déconnecter de l'urgence en laissant votre esprit libre de toute pression. En plus, ces pauses à la machine à café aident à mieux se connaître, et *in fine*, à mieux travailler ensemble ! Pour ce faire, apprenez à repérer vos cycles de mise au repos favorables à la meilleure déconnexion possible, smartphone éteint bien entendu !

Comment déterminer son « profil », repérer ses heures de performances et ses heures de moindre rendement ? En s'observant de près pendant une ou deux semaines et en notant tous les détails : les moments où l'on baille, ceux où l'on se concentre facilement, ceux où l'on a froid, ceux où l'esprit divague, etc. Il existe trois grands profils très répandus. Les champions du matin : ils n'ont aucun mal à sauter du lit et débordent d'énergie toute la matinée avec un pic à la mi-journée. Puis leur forme décline tout doucement au cours de l'après-midi et le soir, ils se couchent fatigués. Les oiseaux du soir : ils détestent se lever, sont mous et même grognons tout le matin. Pourtant, plus la journée avance et plus ils s'animent.

Le soir, ils tirent le rideau longtemps après que le soleil s'est couché ! Les « toujours prêts » : en forme le matin, en forme l'après-midi, leur seule petite faiblesse se situant à mi-journée.

Une fois qu'on a repéré son rythme naturel, il suffit de s'y adapter. Pourquoi ne pas concentrer sur les heures de vitalité les travaux exigeants, les réflexions créatrices, les négociations importantes ? Pour les créneaux de faible performance, on préférera le tri dans sa messagerie, les appels téléphoniques, les réunions de routine.

L'art d'assumer les imprévus

Par définition, l'imprévu fait perdre du temps. D'une, il nous interrompt dans ce que nous étions en train de faire, et de deux, nous ne l'avions pas comptabilisé dans notre liste de tâches à effectuer. Et pourtant, il est là qui survient et il faudra bien en faire quelque chose ! L'ignorer ou le traiter par le mépris ne servirait à rien : il resurgira ailleurs à un autre moment. Tous les moyens professionnels connectés sont aussi fait pour régler ce type de problème !

On est en droit de ne pas l'entendre dans la seconde sans pour autant dénier ce qui est en train de se passer. Un petit carnet sur lequel on note l'imprévu permet de poursuivre son activité sans s'arrêter trop longtemps, sans courir le risque de l'oublier. On y reviendra plus tard. Utilisez le dictaphone de votre smartphone : « Penser à rappeler tel fournisseur en fin de journée à propos du message sur mon répondeur auquel je n'ai pas répondu ».

Attention au risque de repousser indéfiniment un imprévu. Face à un tel événement inopiné, ne faites pas l'économie d'une rapide analyse : est-il urgent ? D'autres tâches que j'ai à faire dépendent-elles de lui ? Si je ne m'en occupe pas tout de suite, quelles conséquences ? Puis-je déléguer ? Cela aidera à l'insérer dans la liste des tâches et à lui assigner un ordre de priorité. Il est essentiel de trouver la juste mesure entre la trop grande réceptivité aux imprévus qui compromet un travail efficace et la rigidité qui empêche de sortir de la routine. Un supérieur est susceptible d'avoir besoin d'un rapport trois jours avant la date initialement annoncée : il faut être capable d'amortir ce changement de planning sans en faire un drame.

NE VOUS LAISSEZ PAS DÉRANGER INUTILEMENT

Très souvent, il ne tient qu'à nous de ne pas être dérangé pour un oui ou pour un non. Rien n'empêche de faire clairement savoir autour de soi qu'on est tout disposé à recevoir les demandes en début d'après-midi et pas en dehors de ce créneau précis. Peu d'urgences sont tellement urgentes qu'elles ne puissent entrer dans ce cadre !

Autre petite astuce d'organisation : suggérer à ceux qui ont des questions de ne pas venir les poser en personne ou par téléphone mais plutôt grâce à un mail. Cela évite une conversation, certes sans doute agréable et sympathique, par contre forcément plus dévoreuse de temps. Mieux vaut s'octroyer une vraie pause autour de la machine à café pour entretenir des relations chaleureuses avec ses collègues, que multiplier les contacts « hybrides » dans la journée, mi-professionnels mi-personnels.

Quand on est débordé par les interruptions extérieures, il est de toute façon essentiel de balayer devant sa porte ! Certains sont ravis d'être consulté en permanence et par tout le monde, d'autres sont dans l'incapacité de conclure fermement un entretien qui s'éternise. Ou alors, est-on tellement peu clair dans ses délégations que nos collaborateurs sont dans l'obligation de venir réclamer des précisions…

Réfléchir à tout cela permettra de limiter les envahissements technologiques ou humains et de travailler plus sereinement ! Finalement, si nous ne cessons pas de lire nos mails, de vérifier nos alertes, de consulter nos réseaux sociaux en permanence ou de discuter en open space, comme vous pouvez le constater, l'hyperconnexion au travail peut nous rendre malheureusement bien moins productif ! Le temps passé à résoudre ces types d'interruption est capable de nous faire perdre jusqu'à 30 % de notre productivité.

6

Ralentir jusque chez soi

« Elle a voyagé avec la lenteur imperturbable d'un changement de saison »
William Faulkner

Courses, ménage, repas, lessives, repassage, activités des enfants, démarches administratives, courrier, factures à payer, courriels, réseaux sociaux, vacances à organiser, rendez-vous médicaux, convocations par l'institutrice ou les profs, fêtes de l'école, spectacles de fin d'année, réparation de la machine à laver : dans le quotidien d'une famille, les occupations ne manquent pas. Et les journées n'ont que vingt-quatre heures. Qui ne se sentirait pas débordé et impuissant face à une telle accumulation ?

On devrait d'ailleurs poser cette question au féminin car les mères de famille, malgré les mouvements féministes des années 1970, restent les premières concernées par ces jongleries perpétuelles pour tout assumer, tout concilier, ce qu'on appelle aujourd'hui la *charge mentale*. D'après l'enquête « Emploi du temps 2009-2010 » de l'INSEE sur plus de 2000 couples, 80 % des tâches domestiques sont encore effectuées par les femmes. Et selon une autre enquête menée par le CNRS en mars 2001 sur le temps parental auprès des enfants, les femmes y consacrent 41 heures par semaine pour seulement 24 heures pour les hommes. Pourtant, le foyer devrait être un endroit idéal pour apprendre à ralentir, à condition de savoir se donner de petits instants privilégiés pour se faire plaisir, voire apprendre à se relaxer ! Et si vous privilégiez la qualité de vos moments personnels, à l'urgence des multiples tâches à accomplir pour les autres ? C'est en étant mieux connecté à vous-mêmes que vous serez plus disponible pour votre famille et votre entourage.

Pour vous sentir mieux, vous devez simplement commencer par le début : renoncer à être superwoman ou superman ! La femme qui occupe un poste élevé dans son travail, fait du sport, prend le temps de lire et de se cultiver, est toujours jolie, élégante, impeccablement coiffée et maquillée, constamment disponible pour ses enfants, enjouée et patiente avec son compagnon n'est qu'un mythe. Et il en est de même pour un homme. Ces super-héros du quotidien n'existent pas, persuadons-nous en une bonne fois pour toutes et tout ira mieux. Cela nous évitera de courir après une chimère et d'accélérer sans cesse le rythme pour tenter de la rattraper sans succès !

Concrètement, que va-t-on gagner en laissant de côté cette obsession de la toute-puissance et de la perfection ? On va tout simplement dire non quand on n'en peut plus, passer un coup de fil à une amie pour décompresser, oser demander de l'aide avant d'être à bout, ne plus se sentir coupable parce qu'une fois on a raté le spectacle de notre bout de chou ou qu'un soir on a prévu tartines au menu au lieu de préparer un vrai repas. Une fois posé cet indispensable préalable à toute décélération, entrons dans le vif du sujet.

Chaque membre de la famille doit s'y mettre

Partons des chiffres : actuellement, les femmes assument 80 % des tâches domestiques. Elles n'en délégueraient ne serait-ce que 20 % à leur conjoint et 10 % à leurs enfants et elles n'en auraient plus qu'une raisonnable moitié à leur charge. En minutes quotidiennes, cela représenterait déjà un joli gain ! Autant de temps à mettre dans votre cagnotte personnelle pour vivre mieux, moins vite.

Attention aux faux arguments : mon mari ne saura pas faire, mes enfants sont trop petits… Irrecevables ! Tout individu normalement constitué est capable d'apprendre à condition qu'on lui transmette son savoir. Quant aux enfants, c'est un service à leur rendre que de les responsabiliser et de les aider à conquérir leur autonomie. En participant aux tâches collectives de la maisonnée, ils se sentiront considérés comme des membres à part entière de la famille, des maillons indispensables de la chaîne. Cerise sur le gâteau, ado, ils auront appris à faire seuls plutôt qu'on fasse tout à leur place. Ainsi, ils grandissent, mûrissent et engrangent de précieux atouts pour s'insérer plus facilement dans la société.

Il faut transformer la famille en une ruche active où chacun prend sa part. Pour cela, pourquoi ne pas organiser un mini-conseil de famille ? Ce sera l'occasion de tout mettre à plat : lister les obligations à accomplir dans la semaine et se les répartir en fonction des envies et des compétences de chacun. Elaine, 15 ans, s'engage à nettoyer tous les sanitaires, mission plutôt ingrate, en échange d'être dispensé du ménage courant. Daphné, 5 ans, peut aussi contribuer au travail familial à son échelle, par exemple en prenant l'habitude de mettre tous ses jouets dans une grande caisse prévue à cet effet. On n'est jamais trop petit pour participer !

Ne craigniez pas non plus d'utiliser votre réseau. Chaque mercredi, vous ramenez le fils du voisin de son cours de judo avec votre propre fils. Pourquoi ne pas suggérer à la maman dudit petit voisin de vous rapporter des légumes en double le samedi quand elle fait son marché ? Tout le monde y trouvera son compte.

Établir une *to do list* plus réaliste

Si c'est efficace dans les entreprises, pourquoi ça ne fonctionnerait pas chez vous ? Les managers n'ont qu'un mot à la bouche : planifier. Alors nous aussi, planifions le domestique ! Un papier, un crayon et un petit quart d'heure de réflexion permettront de lister la montagne de choses à abattre ce week-end. Étape numéro un : l'élagage. Il s'agit de se demander objectivement ce qui est absolument essentiel et ce dont on pourrait se passer. Courir à l'autre bout de la ville pour porter un tailleur au pressing discount qui coûte cinq euros moins cher que le petit dégraisseur du quartier… Est-ce vraiment un bon plan ? En privilégiant les commerces de proximité accessibles à pied, on gagne autant de temps que d'argent. Rayé de la liste !

Quand ce petit ménage est accompli et que la liste ne comporte *a priori* plus que des « incontournables », reste à affecter à chaque activité un temps de réalisation. Préparer un tajine pour le dîner de samedi soir : quarante-cinq minutes. Passer rendre les livres à la bibliothèque : trente minutes. Emmener junior à la piscine : une heure trente. Conduire le chat chez le vétérinaire : cinquante minutes. Malheur ! En additionnant toutes ces durées vous obtenez vingt-deux heures et cinquante minutes. La nuit va être courte… Plus sérieusement, la réalité vous impose un nouvel élagage.

Petit à petit, vous n'aurez sans doute plus besoin de tout écrire et de tout calculer, cependant cette phase un peu formelle deviendra souvent indispensable pour prendre conscience que le temps n'est pas une denrée extensible et que trop d'optimisme mis dans des programmes que l'on parvient rarement à boucler contribue à rajouter du stress et de la frustration. Autant s'en passer !

SIMPLIFIER LES TÂCHES DU QUOTIDIEN

On l'a tous remarqué : ce sont les tâches répétitives, spécifiquement les courses et la préparation des repas qui sont les plus chronophages. Qui plus est, elles sont rarement passionnantes… Après avoir joué les managers, tentons de nous transformer en ingénieurs : objectif rationalisation.

Prenons le cas des courses. Le plus souvent, nous achetons toujours à peu près les mêmes produits. Vous pouvez ainsi établir une liste de course type et la rédiger en suivant l'ordre des rayons du lieu où vous faites vos courses afin de gagner du temps et d'éviter les achats inutiles. Ce document imprimé en quelques exemplaires et rangé dans un tiroir de la cuisine, est affiché chaque début de semaine sur le frigo. À chaque fois qu'un membre de la famille termine le lait, le beurre, les yaourts aux fruits, le papier toilette (oh miracle !) ou le produit pour laver les vitres, il l'entoure immédiatement sur la liste type. Résultat : au moment de partir faire les courses, la liste est toute prête. Et en plus, elle suit l'ordre des rayons. Venons-en au chapitre épineux de la préparation des repas. Prévoir les menus à l'avance pour chaque soir de la semaine représente un indéniable gain de temps, vous pouvez par exemple trouver de l'inspiration sur le site « la fabrique à menus » qui vous propose des repas équilibrés en fonction des critères que vous indiquez. Finies les interminables tergiversations à 20 h 30 pour se décider entre l'omelette aux lardons ou le soufflé au fromage ! Bien sûr, rien n'oblige à tomber dans l'excès du « lundi, c'est raviolis ». D'une semaine à l'autre, les menus peuvent évidemment varier. Prévoir ne veut pas dire faire preuve de psychorigidité, on a souvent tendance à confondre ! Autre avantage : on fait les courses en conséquence et ainsi on ne s'aperçoit pas au dernier moment qu'on n'a plus d'aneth alors qu'on vient de se lancer dans la recette du saumon à l'aneth. Plus besoin de courir en catastrophe à l'épicerie du coin. Prenez également l'habitude de cuisiner en doublant les proportions : la moitié non dévorée séance tenante sera congelée et réutilisée un soir de bousculade.

Dernier point, le ménage ! La technique du morcellement se révèle à cet égard très efficace. On a souvent tendance à prévoir en grand : nettoyer toutes les vitres, faire la poussière dans toutes les pièces, ranger tous les placards. Fastidieux et décourageant avant même de s'y mettre ! Mieux vaut se programmer une tâche unique (et seulement elle) à chaque séance de ménage : la porte-fenêtre du salon, le rayon des conserves dans le placard de la cuisine, la friteuse pleine de graisse. On est sûr d'y arriver et mine de rien, d'une semaine sur l'autre, on progresse dans les gros travaux.

Maintenant, quelques astuces ! Porter un grand tablier, comme celui des jardiniers, avec des poches partout. N'oubliez pas de transporter avec vous tous les produits, les chiffons, les gants en caoutchouc, etc. Cela évite les allers-retours infructueux et dévoreurs de temps entre l'armoire à produits ménagers et les différentes pièces du logement. Autre truc : faire table rase. Un plan de travail bien rangé sans une multitude d'ustensiles qui traînent dessus, de pots d'épices qui l'envahissent ou de courrier qui le recouvre, se nettoie d'un simple coup d'éponge en quelques secondes. N'hésitez donc pas à utiliser des crochets, des petites étagères, des paniers de rangement. En bref, l'organisation du ménage s'applique à tout ce qui vous permet de remettre chaque chose à sa place après utilisation et de faire place nette en vue du ménage.

UN MOT D'ORDRE : ANTICIPER !

Qui a dit « gouverner, c'est prévoir » ? Émile de Girardin, un journaliste et homme politique français né au début du XIXe siècle. Vous n'aviez jamais entendu parler de lui ? Que cela ne vous empêche pas de reprendre à votre compte sa fulgurante intuition ! En prenant une longueur d'avance pour certaines tâches qu'il faudra de toute façon faire, vous éviterez toutes les paniques de dernière minute immanquablement source d'énervement.

Les cas sont légion pour illustrer cette maxime d'anticipation. En début d'année, on peut acheter par lots les crayons à papier, cartouches d'encre, stylos, effaceurs d'encre, gommes, cahiers de brouillon et autres basiques qui viennent toujours à manquer à 19 h 30 la veille d'un contrôle et obligent à une virée en nocturne au supermarché.

Un autre petit conseil : faire avant les autres. Organisez-vous à l'avance. Penser aux photos d'identité des enfants au mois de juillet, bien au calme. Une corvée de moins pour le mois de septembre, en pleine cohue de la rentrée. Préinscrire ses enfants à l'école de musique ou au club de foot dès le mois de juin pour la rentrée suivante : on échappera à la foire d'empoigne et on aura des meilleurs créneaux horaires.

Le rangement doit lui aussi rimer avec anticipation. Plutôt que de prendre une journée entière pour vider ses placards une fois par an, il serait plus judicieux de le faire progressivement. Pourquoi ne pas donner un habit qu'on ne met plus très souvent ou devenu un peu serré à chaque fois qu'on en achète un neuf ? On équilibre les entrées et les sorties et on s'économise en prime une journée de tri fastidieux. Même chose pour tous les objets déficients sous son toit. Pourquoi conserver un batteur électrique qui ne bat plus ou des couteaux qui ne coupent rien ? Ils créent du désordre, surchargent inutilement votre environnement et brouillent votre horizon. D'ailleurs, il existe aujourd'hui des ressourceries et des recycleries où donner vos objets afin qu'ils soient réparés puis réutilisés : une bonne action en faveur du développement durable et de la lutte contre l'obsolescence programmée ! Pas étonnant que vous gaspilliez ensuite du temps à retrouver des choses utiles, noyées dans ce capharnaüm. La politique du vide ou tout au moins de la chasse au superflu est souvent une alliée indispensable d'une meilleure gestion du temps. En même temps, vous serez en cohérence avec le mouvement minimaliste qui encourage ces modes de vie éveillant les consciences !

La famille et les enfants d'abord !

Le matériel est une chose, l'humain en est une autre. Le quotidien d'une demeure n'est pas fait que de frigo à remplir, de gratins à préparer ou de bibelots à épousseter ! Il met aussi en scène des êtres : des parents, leurs enfants, aux prises avec les heures qui s'écoulent trop vite face à tout ce qu'ils voudraient faire. Un bébé ne naît pas pressé. Il le devient en grandissant sous la pression de son environnement proche et de la fameuse phrase fétiche : « Dépêche-toi ! » À peine sorti de l'utérus maternel, on attend de lui qu'il fasse ses nuits, se calque sans tarder sur le rythme social des adultes, sans même lui laisser le loisir de l'acclimatation à ce nouveau monde. Et ce n'est que le début… Quand il entre à la maternelle, nous pouvons être inquiets à l'idée qu'il prenne du retard. Nous souhaitons qu'il soit en avance sur tout. Sur les apprentissages scolaires, sur les étapes de développement psychologique décrites dans les manuels de pédiatrie. Cours d'anglais, de musique, de baby-gym, nous multiplions les activités pour en faire un petit « précoce » dont nous serons très fiers. Dès le CP, les angoisses redoublent. Ne va-t-il pas rater son bac ? Nous réagissons comme si le temps était devenu totalement erratique et enragé, sans se dire que les douze années qui les séparent de cet examen leur laissent tout de même un certain loisir avant de s'affoler… Non, mieux vaut prévenir à coups de leçons particulières et nombreuses activités d'éveil qui transforment les agendas de nos bambins en casse-tête chinois. Même un manager surbooké n'a rien à leur envier !

Stop ! Un enfant plus que quiconque a droit à la lenteur. Parce que tout ce qu'il a à apprendre en quelques années nécessite du temps et du calme. Réussir à enfiler les manches d'un blouson ou à lacer ses chaussures requiert des heures d'entraînement pour des petits doigts encore malhabiles. Les « fais-vite ! » exaspérés ne lui seront pas d'un grand secours. Pire, ils risquent de totalement l'inhiber.

Si vous envisagez de vous lancer dans un plan lenteur pensez en priorité à vos enfants. C'est par là qu'il est urgent de commencer ! Le tout premier pas sera relativement facile à accomplir : il s'agit tout bonnement de bannir certains mots et expressions de votre vocabulaire. Dès qu'un « mais qu'est-ce que tu fabriques ? » ou un « dépêche-toi » ou encore « fais vite, on est pressé » vous viendra sur les lèvres pour vous adresser à votre infortunée progéniture, refoulez-le immédiatement. Cela vous demandera un peu d'attention au début puis vous devriez y parvenir. Ces mots-là ne servent à rien. Ils ne sont que des automatismes qui entretiennent le stress et l'urgence mais dans le fond, ils sont inefficients. Ensuite, il serait intéressant de se pencher sur l'emploi du temps des enfants. Les activités extra-scolaires culturelles et sportives ne sont bien sûr pas à supprimer systématiquement. Elles offrent une ouverture intéressante, un regard différent de celui de l'école et de la famille. Pourtant, elles ne doivent pas non plus surcharger de manière déraisonnable les rythmes de vie. Quelques critères peuvent vous aider à faire le tri. Votre enfant s'y rend-il avec plaisir, enthousiasme ou bien en traînant les pieds ? La vie est déjà pleine de contraintes, il est sans doute inutile d'en rajouter… Votre enfant vous semble-t-il fatigué, surmené ? Si oui, c'est que la barque est trop pleine et qu'il convient de l'alléger. Une fatigue chronique ne doit pas s'installer à cet âge de la vie. L'enfance, c'est avant tout le temps de l'insouciance, de la rêverie et d'une certaine nonchalance. Voler cela à un enfant, c'est ni plus ni moins lui dérober une partie de son enfance…

Face à des rythmes scolaires chargés, un emploi du temps libre comportant des trous n'a rien d'inquiétant. Les petits raffolent de ces temps de vacuité, ils en ont même besoin. À condition qu'ils n'en profitent pas pour tomber dans le piège des objets connectés, l'ennui parvient à se révéler très constructif. C'est l'occasion pour un enfant de faire preuve de ressource et de développer son imagination pour le combattre. Mais il pourra aussi s'y laisser glisser en toute bonne conscience pour se reposer pleinement de toutes les obligations qu'il subit à d'autres moments. Chacun ses rythmes, chacun ses moments pour se construire.

La lenteur : un nouveau jeu familial

Et si l'on faisait de la lenteur un jeu à partager en famille ? Qui sait, par ce biais ludique cela pourrait devenir une habitude, une nouvelle façon d'aborder la vie… Dans quelques-uns de ses ouvrages consacrés à la philosophie zen, le psychothérapeute Erik Pigani suggère certaines pistes.

Que diriez-vous d'abord d'instaurer un rituel familial ? Voilà un petit arrêt dans le temps très facile à imaginer. Peu importe le rituel que vous allez choisir : lire une histoire une fois par semaine avec papa, maman et les enfants dans le lit des parents, dîner autour d'une bougie chaque mercredi soir, faire ensemble un gâteau au yaourt et aux pommes le dimanche matin. À vous de voir. L'important est de ne pas y déroger et de ne pas le faire à la va-vite, comme on ingurgite un médicament qu'on a failli oublier ! Pour le faire, prenez pleinement conscience du moment présent.

Ce moment privilégié oblige à casser le tourbillon du quotidien, à s'arrêter, à déconnecter, à partager, à se reconnecter à soi et aux autres, à faire le vide, à se ressourcer. Ce n'est pas pour rien que les rituels ont toujours existé. Qu'ils soient religieux, collectifs ou personnels, ils sont nécessaires à notre équilibre. Et c'est une chance, les enfants les adorent !

Un autre jeu à tester : les gestes au ralenti. Choisissez une activité quotidienne que vous faites mécaniquement, comme vous laver. La prochaine fois que vous pénétrerez dans la douche, prenez une profonde inspiration et ralentissez à l'extrême chacun de vos gestes. Comme si vous étiez en apesanteur ou dans un film au ralenti. Concentrez-vous sur votre posture, sur le gant que vous tenez, sur le contact de la mousse sur votre peau. Focalisez votre attention sur vos muscles et sur la façon dont vous respirez. Vous allez ainsi prendre conscience d'une foule de détails qui vous échappent habituellement, comme la sensation de l'eau sur vos épaules, l'odeur du gel douche. Ce petit exercice vous permettra de vous poser, de vous calmer et aussi de renouer avec vos sens que vous prenez rarement le loisir d'écouter.

Pour aller plus loin, vous pouvez aussi apprendre à vous relaxer en allant sur le site www.ladigitaldetox.com.

En résumé, pour mieux vivre ensemble en famille, une règle d'or : lâchez un peu votre portable ! Les besoins de connexions peuvent toujours attendre : donc instaurez des périodes de déconnexion pour tous les membres de la famille. Apprenez à faire des soirées ou journées à thèmes, à cuisiner tous ensemble, à discuter sans télévision pendant les repas. Sachez vous relaxer et faire des siestes régénérantes. Pourquoi ne pas évoquer les projets de vacances tous ensemble (journée, week-end, semaines, grandes vacances) ?

LE SLOW TOURISME

Le concept du « Slow Tourisme » est apparu début 2000 et, comme les autres mouvements Slow, il se caractérise par l'intérêt porté aux notions de plaisir et de lenteur associées à l'univers du voyage. Fondamentalement opposé au tourisme de masse, le tourisme lent propose l'utilisation de moyens de locomotion moins rapides et reconnus comme peu polluants tels le bateau, le vélo ou même le cheval afin de vivre sur un autre tempo. Puisque ce qui compte le plus pour leurs adeptes, c'est le voyage plutôt que la destination, le tourisme lent encourage par-dessus tout l'aventure humaine, et à partir moins souvent certes, mais séjourner plus longtemps dans un lieu. Ainsi, hors des parcours touristiques classiques, ce mode de circulation incite à entrer en contact avec les populations rencontrées afin de mieux s'imprégner de leurs savoirs. Pour bien situer le Slow Tourisme, ajoutons qu'il s'insère dans la mouvance globale du tourisme dit responsable, en étant humainement ouvert sur le monde, attentif à sa consommation et à son impact écologique sur la planète. Comme aurait pu l'énoncer Emmanuel Lévinas, sans rien imposer à « l'autre qui nous fait face », les adeptes du tourisme lent expérimentent une autre forme de voyage par imprégnation, mêlant aventure et respect de l'autre. Telle une sorte d'éthique personnelle du voyage, le Slow Tourisme appelle à partir moins souvent, à voyager mieux et plus longtemps !

Le tourisme lent propose d'en finir avec l'hyper mobilité de masse polluante et d'arrêter de pédaler dans le vide ! Déjà, lors du Forum économique de Davos en 2007, le secrétaire général des Nations Unies Ban Ki-Moon s'était fait l'avocat du diable en faveur d'une prise de conscience des ravages sociaux et écologiques en déclarant : « Nous devons changer nos modes de vie et repenser notre façon de voyager. » Les derniers rapports sur les transports nous apprennent que ces derniers représentent un quart des émissions totales de CO2… La raréfaction des énergies fossiles impliquera de toute façon moins de possibilités de tourisme de masse que pratiquent aujourd'hui plus d'un milliard de personnes ! Citons Hartmut Rosa, sur la décélération qui nous rappelle que « le temps a anéanti l'espace. Avec l'accélération des transports, la consommation, la communication, je veux dire "l'accélération technique", la planète semble se rétrécir tant sur le plan spatial que matériel. Des études ont montré que la Terre nous apparaît soixante fois plus petite qu'avant la révolution des transports. Le monde est à portée de main. »

Malheureusement, encore aujourd'hui, il n'existe pas d'organisation centralisée menant des actions concertées ou gérant l'appellation Slow Tourisme. Néanmoins, de nombreuses agences de voyages, associations et blogs issus du tourisme lent ont vu le jour. Tel un antidote au stress de la vie effrénée, le Slow Tourisme, équivalent du *less is more* sur le plan touristique, a sans aucun doute de beaux jours devant lui.

La critique majeure portée à l'encontre de mouvement reste encore et toujours celle liée au porte-monnaie ! Certains y voient une forme de tourisme élitiste pas forcément à la portée de tous, alors que des alternatives comme le *couchsurfing* (service d'hébergement de personne à personne) restent un moyen de minimiser les coûts en plus de respecter totalement l'esprit du Slow Tourisme. Certes, le tourisme lent ne représente pas franchement une révolution cependant, il participe grandement à une évolution des mentalités sur la protection de la planète.

Comme le dénonce depuis longtemps déjà l'incontournable Pierre Rabhi en voulant remettre la planète et l'humain au cœur de nos politiques, ou le chanteur Nino Ferrer en 1971 avec « La maison près de la fontaine » ou Rachid Bahri voilà plus de trente-cinq ans avec sa chanson « Terre sanguine », nous aimerions ne plus avoir à fermer les yeux lorsqu'on évoque les désastres écologiques faits sur notre terre !

POUR EN SAVOIR PLUS

Engagées dans la lutte contre « le voyager vite quitte à voyager mal », de nombreuses structures (agences, associations) proposent ce type de tourisme lent vers des destinations à découvrir absolument (consultez ces sites à la fin du livre).

Signalons que depuis 2015, se tiennent durant quelques jours les universités du tourisme durable. Et puisque les Nations Unies avaient proclamé l'année 2017 année internationale du tourisme durable pour le développement, vous trouverez de nombreuses informations en ligne pour apprendre, partager et l'expérimenter avec les acteurs du tourisme durable.

7

Déconnecter grâce à la Digital Detox

« La rapidité est sublime, et la lenteur majestueuse », Antoine de Rivarol

Le concept de « Digital Detox », apparu en 2010 aux États-Unis dans la Silicon Valley, consiste à apprendre à se déconnecter de ses écrans de téléphone, tablette, ordinateur... pour mieux se reconnecter à soi-même et être à nouveau présent dans la vie réelle. Quand une personne se prive de toutes connexions, elle s'offre la possibilité de minorer son stress, voire son anxiété, et d'augmenter ses interactions avec le monde réel grâce à un retour à la pleine conscience. Parce que personne ne devrait ignorer qu'il est nécessaire d'être bien connecté à soi-même pour être mieux connecté aux autres, des prises en charge, individuelles et collectives, répondant à ce désir de déconnexion ont été élaborées. Ainsi, des « désintoxications numériques » ont été conçues dans le souci d'aider à décrocher autant physiquement que mentalement. De surcroît, les études convergent sur le fait que bien plus d'un Français sur deux exprime la forte envie de se déconnecter ! Face à un monde hyperconnecté ayant bien du mal à décrocher, le concept novateur de Digital Detox devient un véritable fait de société.

Des enquêtes révélatrices

Le CRÉDOC a publié en 2016 son étude annuelle « Baromètre du numérique », sur l'usage du numérique en France, réalisée pour le compte du Conseil Général de l'Économie (CGE), de l'ARCEP et de l'Agence du Numérique. Cette enquête de référence permet de connaître l'équipement informatique des Français et l'usage réel des technologies numériques en France. On y apprend que 65 % de la population utilise un smartphone et 93 % un téléphone mobile, que 82 % de la population est équipée d'un ordinateur et que 40 % possède une tablette tactile. Seulement 30 % de la population dispose du triple équipement. Le chiffre le plus révélateur, si l'on souhaite mieux appréhender la problématique de l'hyperconnexion, c'est d'apprendre que 84 % des moins de 40 ans utilisent quotidiennement les réseaux sociaux…

Une autre enquête réalisée par Edenred-Ipsos en 2014, menée auprès de 8 800 salariés européens de huit pays (Allemagne, Belgique, Espagne, France, Italie, Portugal, Suède et Grande-Bretagne), fait ressortir que 67 % des salariés interrogés disent être sollicités par leur travail en dehors de leurs horaires professionnels, 49 % de temps en temps et 18 % souvent. Chez les managers, ils sont plus de 80 % !

Une dernière enquête sur l'hyperconnexion auprès des employés, celle-ci réalisée en 2016 par le cabinet Eléas spécialisé dans la qualité de vie au travail et les Risques Psychosociaux, nous indique pas mal de données fondamentales pour bien comprendre l'ampleur de la situation actuelle. On constate que sur le droit à la déconnexion : « plus d'un tiers des actifs (37 %) utilisent chaque jour leurs outils numériques professionnels hors du temps de travail. [...] Seul 1 actif sur 5 (22 %) considère que son entreprise intervient pour limiter les usages des outils numériques hors temps de travail. [...] Les attentes sont pourtant fortes vis-à-vis des entreprises : plus de 6 actifs sur 10 (62 %) considèrent que des règles devraient être mises en place pour limiter l'utilisation des outils numériques hors du temps de travail. Trois quarts des cadres (75 %) et des jeunes âgés de 15-24 ans (76 %) représentent la proportion la plus forte en matière d'utilisation du numérique. »

Preuve est faite que cette surconnexion se retrouve bel et bien au centre des préoccupations des employés, ce qui devrait conduire vers une forte régulation quant à l'utilisation des outils numériques.

Aujourd'hui, plus d'un Français sur deux se connecte chaque jour à internet et se sent incapable de déconnecter quelques jours ! Même si un Français sur deux maîtrise avec « raison » l'usage de ses écrans, beaucoup d'autres rêvent d'apprendre à s'abstenir temporairement de l'utilisation de toute technologie de communication et de parvenir, par la suite, à décrocher sérieusement de cet enfer au quotidien.

Et vous, votre téléphone vous suit-il partout ? Dans la poche ou à la main, sur la table du restaurant, dans la salle de bain, à côté ou dans le lit, dans la voiture... Seriez-vous prêt à déposer votre portable pour la soirée dans le casier fermé d'un bar comme le propose la marque de bières Amstel en Bulgarie ? Une bière est offerte à ceux qui osent tenter l'aventure « Off connection » l'espace d'un soir ! Alors, êtes-vous réellement prêt à déconnecter ?

Le droit à la déconnexion enfin reconnu !

Concernant le droit à la déconnexion légiféré par la loi Travail (article 55), il y a aujourd'hui une réelle attente au niveau du monde du travail pour que les entreprises parviennent à s'approprier et à appliquer ce nouveau droit à la déconnexion. Cela dit, les enquêtes réalisées démontrent aussi la forte proportion d'employés souhaitant conserver les avantages donnés par l'entreprise pour l'utilisation des divers outils d'information et de communication. Ici, le rapport personnel que chacun entretient vis-à-vis de son travail est questionné. Bien utilisé en facteur de protection pour les employés, ce droit à la déconnexion tendrait à limiter sensiblement le niveau déjà trop élevé de stress en entreprise et en dehors… Pourtant, peu sont les entreprises en France ayant à ce jour fait le choix d'appliquer cette partie de la loi Travail. Quelques sociétés, comme Kit Kat au Pays-Bas, militent pour inciter les personnes surconnectées à venir faire une pause dans leurs zones sans Wi-Fi à plusieurs mètres à la ronde. En cohérence avec leur slogan : « Faites une pause, prenez un Kit Kat ! »

Si vous ne vous sentez pas prêt à déconnecter...

Quel dommage ! Sachons au moins nous remettre en question et identifier où sont nos réelles priorités. Vous, les accros aux appels, aux mails, aux réseaux sociaux (Facebook, Instagram, Snapchat, Linkedin...) et autres jeux en ligne, vous ne savez plus être là, ici et maintenant. Même en étant convaincu d'être là... vous n'êtes jamais vraiment disponible en réalité. Le temps n'est-il pas venu de cesser de guetter chaque minute les photos de vos amis, la moindre notification ou encore qui aurait « liké » telle ou telle publication ? Cessez de vouloir coller à la meute et n'oubliez pas que ces comportements chronophages nuisent gravement au bon développement de la communication, des compétences psychologiques et sociales.

Ne présentez-vous pas les symptômes évocateurs de stress, d'une capacité d'attention de courte durée, d'une fatigue psychologique ou d'un épuisement physique, voir du syndrome d'épuisement professionnel (*burn-out*) ? Les Américains ont déjà planché sur la question pour cataloguer ces symptômes spécifiques sous la bannière FOMO (Fear Of Missing Out). Cette appellation regroupe celles et ceux surconnectés qui, ayant toujours peur de rater une information importante éprouvent un besoin irrépressible de consulter leurs réseaux de prédilection.

Sur le vieux continent, on parlera plutôt de Nomophobie pour ce qui est relatif à l'addiction au smartphone (No Mobile Phobia), avec la peur excessive d'être privé de son mobile et de manquer des alertes ou informations importantes (risque grave d'infobésité) nous faisant paraître « intéressant » au regard des autres. Des réactions invraisemblables pour certains et surtout inimaginables il y a peu pour d'autres…

Preuve est faite que l'hyperconnexion a des conséquences aux niveaux des sphères psychologiques, relationnelles et sociales. En effet, les conséquences psychologiques entre ceux qui font plusieurs choses à la fois (*multitasking*) par rapport à ceux qui ne font qu'une seule chose à la fois (*monotasking*) sont dommageables. Le *multitasking*, valorisé tel un art dans la maximisation des tâches, ne représente en plus qu'une illusion d'efficacité. En effet, se disperser impacte sérieusement notre capacité d'apprentissage car chaque tâche ne sera traitée que superficiellement, ce qui diminue les performances de la mémoire à courte durée. On devient alors progressivement incapables de se concentrer sur une longue activité. Pourtant, ne faire qu'une seule chose à la fois permet au cerveau une meilleure qualité de concentration sur l'information à traiter.

Pour celles et ceux qui ont la mémoire courte, le principe de l'hyperconnexion n'est pas si nouveau que ça. Rappelez-vous de l'époque où la télévision avec sa zappette était devenue si envahissante que beaucoup restaient scotchés devant leur petit écran à s'avaler une multitude de programmes inintéressants sans parvenir à décrocher… Évitons que ce que l'on croit posséder un jour ne nous possède pas toujours : gare aux addictions digitales !

DÉCONNECTEZ-VOUS POUR VOUS RECONNECTER

Pourquoi s'éloigner du numérique ? Il existe divers types de motivations au décrochage numérique. Tout d'abord, il y a ceux, essentiellement entre 25 et 45 ans, qui présentent tous les symptômes des personnes addictes à cette pathologie liée à internet que nous appellerons de « surcharge numérique ». Viennent ensuite ceux qui ne supportent plus émotionnellement d'être accros à la technologie alors qu'elle n'est pas à la hauteur de leurs envies profondes. Ensuite, il y a ceux qui dénoncent l'aspect chronophage en temps et en énergie de l'utilisation de leurs appareils connectés. Enfin, il y a ceux qui veulent tout simplement déconnecter dès que possible pour mieux préserver la qualité de leur vie privée.

De nos jours, nous nous retrouvons plongé dans le monde du digital avec un rapport à ce dernier compliquant notre faculté de discernement entre la sphère personnelle et professionnelle. Même si les nouvelles technologies se sont autant invitées dans notre quotidien, il n'en reste pas moins important de tout mettre en œuvre pour en limiter leur utilisation afin d'éviter d'en devenir totalement dépendant ! Maintenant, vous savez que rester connecté en permanence nuit tant à la concentration qu'à la disponibilité aux autres, et donc rend à la longue moins créatif. Au fait, n'avez-vous pas une seule fois ressenti votre portable vibrer sans aucune raison ou éprouvé le phénomène des sonneries fantômes ? Ce petit test vous permettra de vous situer rapidement dans votre rapport aux nouvelles technologies.

TEST : RELEVEZ-VOUS D'UNE DIGITAL DETOX ?

1. Vous reproche-t-on souvent d'être trop sur vos écrans ?

❑ OUI .... ❑ NON

2. À votre avis, êtes-vous trop souvent sur vos objets connectés et souhaitez-vous secrètement décrocher un jour ?

❑ OUI .... ❑ NON

3. Envoyez-vous plus de 100 messages, SMS ou mails, par jour ?

❑ OUI .... ❑ NON

4. Consultez-vous plus de cent fois par jour votre téléphone ou vérifiez-vous plusieurs fois par jour votre smartphone même si vous savez qu'il ne s'est rien passé de nouveau ?

❑ OUI .... ❑ NON

5. Votre téléphone est-il posé sur la table lorsque vous prenez vos repas ?

❑ OUI .... ❑ NON

6. Au restaurant, si le serveur vous amène un plat trop bien présenté, en faites-vous une photo immédiatement pour la poster sur vos réseaux sociaux ?

❑ OUI .... ❑ NON

7. Prenez-vous votre téléphone lorsque vous allez dans la salle de bains ?

❑ OUI ....❑ NON

8. Vous n'allez jamais aux toilettes sans consulter votre téléphone.

❑ OUI ....❑ NON

9. La nuit, laissez-vous votre portable allumé et à portée ?

❑ OUI ....❑ NON

10. Au lever, regardez-vous rapidement votre smartphone ?

❑ OUI ....❑ NON

11. Ressentez-vous de la frustration si la connexion internet n'est pas bonne ?

❑ OUI ....❑ NON

12. Décrochez-vous votre téléphone si quelqu'un vous appelle juste avant ou pendant que vous faites l'amour ?

❑ OUI ....❑ NON

13. Vous déplacez-vous dans la rue en consultant ou en jouant sur votre smartphone ?

❑ OUI ....❑ NON

14. Êtes-vous connecté en permanence durant toute la durée de vos déplacements ?

❑ OUI ....❑ NON

15. Avez-vous le sentiment de perdre beaucoup de temps à surfer sur Internet lorsque vous êtes au travail ?

❑ OUI .... ❑ NON

16. Alors que vous chattiez avec vos amis sur votre réseau social, une de vos bonnes relations vous propose, au pied levé, de prendre un verre à 30 minutes de chez vous. Y allez-vous ?

❑ OUI .... ❑ NON

17. Vous sentez-vous capable de couper votre téléphone ou votre ordinateur une journée entière ?

❑ OUI .... ❑ NON

18. Pourriez-vous partir en vacances une semaine sans téléphone, tablette ou ordinateur ?

❑ OUI .... ❑ NON

19. Éteignez-vous votre téléphone lorsque vous êtes au cinéma ou à un concert ?

❑ OUI .... ❑ NON

20. À l'extérieur, êtes-vous énervé si votre portable est en batterie faible ?

❑ OUI .... ❑ NON

21. TOTAL

... OUI .... NON

Au-delà de 10 réponses OUI, vous présentez a priori une cyberdépendance et, dans ce cas, vous devriez « panser » votre rapport au numérique, en tant que personne surconnectée, et penser éventuellement à une Digital Detox !

Comment faire sa Digital Detox ?

Par soi-même

Ce n'est pas la manière la plus facile mais avec de la volonté, rien n'est impossible ! Des stratégies pour retrouver le contrôle sur vos connexions vont vous être proposées, mais vous seul en serez juge... Voilà pourquoi une certaine introspection s'impose quant à votre rapport aux limites et à l'excès si vous envisagez de retrouver un contrôle sur votre consommation numérique.

Ce retour à la normale devra se faire progressivement en privilégiant des plages horaires spécifiques, deux à trois fois par jour, aux connexions habituelles, tout en libérant du temps pour faire d'autres activités d'intérieure et en extérieure. Très loin du « Tout ou rien » exigé dans d'autres types de sevrage (drogues, alcool), l'objectif ici sera de s'orienter vers une meilleure utilisation de vos écrans et ce, en agissant autrement et mieux.

Dix conseils pour décrocher de l'hyperconnexion sur vingt-quatre heures :

- Choisissez bien le moment pour démarrer votre reprise en main numérique en n'oubliant pas d'éloigner ou d'éteindre vos objets connectés le jour J.
- N'hésitez pas à faire appel à des applications dites de blocage sur vos appareils (smartphone, ordinateur, tablette) si besoin.
- En cas de forte dépendance, nous vous conseillons l'application pour Smartphone Off Time censée remettre sur

le droit chemin les personnes nécessitant une désintoxication numérique et un soutien au quotidien.

- Repérez et faites un tri positif dans vos diverses connexions : celles qui vous rendent service et vous font plaisir face à celles qui vous stressent.
- Prévenez votre entourage afin qu'il vous soutienne et vous libère de toutes sursollicitations digitales le jour J.
- Le point important : sachez organiser des moments de réflexion, de lecture, de méditation, de siestes, seul(e) avec vous-même dans la journée.
- Planifiez votre journée à l'aide d'une ou deux activités plaisirs bien identifiées, seul(e) ou accompagné(e).
- Prenez vos repas à horaires fixes, accompagné(e) de préférence.
- Pensez à pratiquer une activité physique car ce jour J sans lien immédiat à toute connectivité risque d'être délicat…
- En cas de signes de faiblesse, pensez à regonfler votre motivation avec un souvenir positif. Félicitez-vous car vous avez déjà réussi beaucoup de choses grâce à votre motivation !

Si vous réussissez à faire ce plan sur vingt-quatre heures, bravo pour cette pause digitale bien méritée et soyez fier de vous ! Refaites-le une fois par semaine, puis à votre convenance. Par contre, si cela ne suffit pas, sachez remettre à une autre date votre Digital Detox personnelle et parlez-en avec votre médecin de famille ou un psychothérapeute spécialisé en cyberaddiction. Ils sauront certainement vous aider à réussir votre sevrage numérique.

Grâce à un séjour Digital Detox

Dans le monde, nombreux sont les établissements (hôtels, domaines...) et agences de voyages qui proposent aujourd'hui des séjours Digital Detox, flairant certainement la bonne affaire ! En effet, ce n'est malheureusement pas en quelques jours de cure qu'un problème de ce genre pourra se régler ou même se gérer. Mais, cette sensibilisation à la déconnexion, hors de son cadre d'origine, offre une merveilleuse opportunité d'évasion à celles et ceux désirants décrocher car en mal de modération. Parlons plutôt de déconnexion temporaire ou bien de pause digitale ou d'abstinence numérique !

En résumé, deux types de séjours sont alors proposés : soit partir loin sans possibilités de connexion, soit partir près dans des structures réceptionnant à l'accueil vos divers appareils. Par l'apprentissage de la modération en toutes choses, ce retour à soi, à la vie réelle en quelques jours d'activités diverses, de lectures, de jeux, de pratiques relaxantes, permet de se retrouver et de redevenir disponible à la création de liens à autrui. En échange de votre effort pour déconnecter, livres, carnet de séjour, soins relaxants avec yoga et massages, jeux de société, vélos, et autres conférences sur la Digital Detox vous seront proposés.

Les buts de ces séjours sont souvent les mêmes : réaliser la nature et l'intensité de la relation entretenue avec le numérique à l'aide de questionnaires spécifiques et trouver le moyen adapté pour déconnecter en fonction de nos résultats à ces questionnaires.

Il existe aujourd'hui de nombreux endroits pour la déconnexion numérique, en France, et dans le monde entier (voir les sites à la fin du livre).

La décélération en marge de l'agitation

Toujours sous notre ciel tricolore, en marge des villes ayant fait le choix de la lenteur, évoquons ensemble les lieux de retraite et de ressourcement spirituel de plus en plus prisés par nos contemporains en mal de sérénité. Ce sont des endroits où l'on vit l'instant présent, où l'on se déconnecte de l'agitation ambiante. Ainsi, la Dordogne abrite le Village des Pruniers, fondé en 1982 par le vietnamien Thich Nhât Hanh, personnalité engagée du bouddhisme dans le monde occidental. Selon les moines eux-mêmes, le Village des Pruniers « est un lieu où l'on peut se ressourcer, respirer, sourire et prendre le loisir de poser un regard profond sur nos actes quotidiens : s'asseoir, marcher, parler, écouter… ». Un millier de personnes venues du monde entier font halte chaque année dans ce village bouddhiste, déconnectées et avides de sérénité.

Sous la bannière étoilée américaine, il existe des centres de cure de sevrage numérique appelés « Re-Start » et conçus pour des personnes cyberdépendantes. Psychothérapie, sport et techniques de méditation sont proposées moyennant quelques milliers de dollars… Toujours aux USA, dans la mouvance des pièges de l'hyperconnexion, une réelle initiative à la décélération a été élaborée avec la journée annuellement dédiée à l'absence de connexion baptisée « National Day of

Unplugging ». La revendication à la déconnexion a de beaux jours devant elle !

En France, une idée originale est à signaler : depuis 2015, la start-up Keywe (phone off-people on) propose des week-ends Digital Detox où un groupe de 12 personnes se rencontrent authentiquement et hors connexion pendant 48 heures.

Pour information, sachez que l'un des pionniers de la Digital Detox fut sans conteste le magazine Canadien Adbusters. Dès 2008, il conviait chaque année les internautes de tous bords à leur Digital Detox Week. Le but de cette semaine de déconnexion consistait à sensibiliser les internautes sur leurs pratiques numériques pour revenir vers une pratique plus modérée et favoriser les rapports sociaux hors outils numériques.

Retours d'expériences

À signaler la bande dessinée *Un an sans internet : journal d'une expérience* de Ced qui, avec son autodérision sur internet, a créé un récit truffé de stratégies amusantes palliant le manque numérique, au regard de son énorme besoin d'hyperconnexion.

Sinon, le livre de Thierry Crouzet *J'ai débranché : comment revivre sans internet après une overdose* paru en 2012 chez Fayard, raconte son expérience de Digital Detox. Il reconnaît qu'après quinze ans d'hyperactivité en ligne, le moment était venu d'entamer sa cure de désintoxication numérique après avoir fini par craquer devant sa surconsommation de réseaux sociaux. Pendant six mois, il a déserté les réseaux sociaux en général et le net en particulier pour enfin se sevrer ! Son livre évoque le manque, l'addiction, et surtout comment il a réussi à se reconstruire.

Une détox qui prend du temps !

Je tiens à revenir sur l'excellent papier « Halte à l'intox » paru en 2014 dans le Huffingtonpost sur la détox numérique par Serge Tisseron, Psychiatre et membre de l'Académie des technologies. Il y dénonce la volonté mercantile de « réaliser un "sevrage", sur le modèle de la cure de désintoxication alcoolique dont on sait largement qu'elle n'a jamais marché ». Ces séjours d'abstinence numérique, souvent fondés sur la gratification, apportent un certain bien-être sur le moment, alors qu'au retour, la pilule sera certainement difficile à avaler, tant les conditionnements à l'hyperconnexion sont bien ancrés. Ces déconditionnements à reprogrammer méritent bien évidemment une prise en charge correctement étalée dans le temps.

Selon Serge Tisseron, la « gigantesque arnaque » réside aussi dans un autre fait mal compris par l'utilisateur (de ce type de séjour) : « Cela ne veut pas dire que ceux qui s'y lancent n'y trouvent pas un apaisement et une satisfaction. Mais cela tient à leur caractère de retraite loin de l'agitation du monde et pas du tout au projet de "détox numérique". »

Pour compléter la position de Serge Tisseron, j'ajouterai en premier point relatif à la prise en charge en psychothérapie, que les patients dépendants au numérique que je rencontre ont besoin de quelques mois pour s'en sortir. En effet, il s'impose de traiter aussi bien l'origine et la cause de l'hyperconnexion que la cyberdépendance ! L'objectif de la psychothérapie consistera à amener ces personnes vers une meilleure estime d'eux et à un retour du moi réel aux dépens d'un moi virtuel. Et cela passe par un retour à des sources de plaisirs simples, en étant pleinement dans l'instant présent et ce, avec et en dehors du numérique. En effet, après avoir retrouvé le contrôle sur leur dépendance numérique, ces patients feront l'apprentissage d'un bon usage d'internet et de ses pratiques suscitant une réelle valeur ajoutée.

Le second point se concentre sur les profils des utilisateurs de ces Digital Detox. Ces moments de déconnexion et de ressourcement révèlent chez certaines personnes en manque de sensations, un besoin de s'extraire de la vie tout simplement ou encore, de vivre une expérience à la mode… Or, pour s'adonner à une Digital Detox digne de ce nom et renoncer à tout besoin de connexion, il faut apprendre à transgresser bien d'autres besoins tels ceux d'appartenance sociale et relationnelle, et apprendre à s'estimer afin d'accepter d'exister seulement pour soi et non pas aux travers de selfies narcissiques cachant un besoin d'exister en permanence sur la toile !

Pour ma part, bien intoxiqué numériquement au quotidien, j'organise régulièrement des week-ends ou vacances dans des endroits éloignés et dépourvus de connexions ou néanmoins sans rien à connecter. Une fréquentation numérique assumée, maîtrisée mais parfois mise entre parenthèses, est la meilleure relation de modération que l'on puisse avoir avec un désir de connexion contrôlée. Lors de mes voyages au Ladakh, au Vietnam ou en Mongolie, je m'impose une Digital Detox, sans aucun objet connecté. Au début, mes enfants détestent… par contre, dans la durée et avec les rencontres, tout s'arrange ! Dans ces pays, régions ou peuplades reculées, le tourisme est forcément lent. Il est obligatoire de vivre au rythme des autochtones et du soleil. La fée électricité n'agissant dans les yourtes et autres campements de fortune (jonque, habitation sur pilotis, etc.) que quelques heures le soir, les rencontres essentielles n'en deviennent que plus profondes et intenses. Aller d'un village à l'autre prend souvent de nombreuses heures de marche et même transporté en fourgon russe tout-terrain, on n'excède pas les 20 km/h. Le trajet compte forcément autant, voire plus que la destination. Là-bas, il s'agit de partager l'information au bon moment avec la bonne personne. Je constate qu'une Digital Detox procure un bien fou. Vous croisez d'autres voyageurs, mais aussi nombre de travailleurs sur les routes ou des villageois à pied, à cheval, en moto ou en embarcation de fortune venus vendre ou acheter des produits dans les villages voisins. En parcourant les routes anciennes de montagne ou les étendues d'immenses plateaux, nous partageons un petit bout de leur vie, dans de vieilles habitations de pierres ou dans des magnifiques yourtes, qui s'égrènent tranquillement à la vitesse d'une tortue ! C'est au Vietnam, dans un petit village de campagne, à 100 km de Hanoï que nous avons terminé ce livre, bercé par le rythme lent de la vie qui s'écoule. Ces gens-là font rêver et souvenons-nous que sans rêverie, point de créativité. Alors, laissons cette douce lenteur guider notre ennui vers un « lent demain » qui chante !

Conclusion

« On ne vend pas la terre sur laquelle on marche ! » Crazy Horse (Chef Indien Lakota)

Conquérir la lenteur ne se fait pas en un jour. Ce serait un bien curieux paradoxe ! Pour l'apprivoiser, il faut du temps, autant le savoir. Il n'y a pas que les grandes révolutions pour faire bouger les choses : les démarches impressionnistes, par petites touches, sont souvent toutes aussi efficaces et moins traumatisantes. Cependant, même si cela vous semblait impossible de ralentir avant la lecture de ce livre, vous savez maintenant que beaucoup l'ont fait ! Reconnaissons-le : nous faisons tous, malgré nous, l'expérience de l'épuisement physique et psychologique face à ces cadences infernales nous plongeant dans un océan d'intranquillité, et rêvons tous que la machine infernale s'arrête un jour ! Addicts à la vitesse, pas facile d'avoir le courage de répondre présent au désir de décélérer… Tellement plus simple d'aller vite, de maximiser notre temps pour combler ces satanées angoisses de solitude, du vide ou de la mort. Cette sensation de vide dans l'univers d'Internet est immédiatement comblée par la connexion aux divers réseaux sociaux qui apportent alors une présence apaisante, rassurante et la sensation immédiate d'appartenance à un groupe.

Or, ce mieux-être peut se révéler éphémère si l'angoisse de fond n'est pas considérée, car dans ce cas, le besoin de connexion s'apparente à une prise de drogue n'offrant qu'une échappatoire de courte durée…

Même si tous ces objets connectés nous grisent en facilitant notre quotidien, faisons attention aux stress qu'ils engendrent par la surabondance d'informations et par l'hyper disponibilité virtuelle qu'ils exigent de nous, nous rendant indisponible à la réalité. Certes la nouvelle technologie nous apporte de nouvelles possibilités d'exister sous la forme d'« homme augmenté » cependant, derrière cette illusion de toute puissance se cache notre propre asservissement de nous-même ! Esclave réel de nos illusions virtuelles…

La vie virtuelle n'empiète-t-elle pas déjà trop sur notre vie réelle ? Et les réseaux sociaux, ne nous rendent-ils pas un peu trop asociaux ? Un ami américain de Los Angeles m'a fait part d'un tag à propos : « Si tu veux parler à Dieu, arrête-toi, choisis un endroit calme et parle-Lui… Si, par contre, tu veux Le voir, envoie-Lui un SMS en conduisant ! »

Notre course contre le temps a révélé depuis peu la perte de sens de nos actions et même si elle nous épuise et peut nous mettre en danger, elle a suscité l'émergence des mouvements Slow et une prise de conscience de ralentir. Maintenant que vous avez toutes les cartes en main sur les risques que le digital peut provoquer en menaçant, voire en nuisant à notre équilibre de vie, il ne tient qu'à vous de passer de cet état d'urgence à une autre façon de vivre en décélérant enfin !

Pour vivre plus lentement et sereinement, décélérez en adoptant un esprit de modération. Pour cela, sachez choisir votre moment idéal car d'expérience, toute démarche, même pour la lenteur, exige d'être particulièrement bien préparé autant intellectuellement qu'émotionnellement, afin d'apprendre à vivre autrement, différemment des autres.

Commencez donc par expérimenter la décélération en changeant un simple détail dans votre vie. Par exemple prendre votre vélo pour aller travailler plutôt que votre voiture, faire une sieste de dix minutes durant le week-end, rester à table un peu plus longtemps qu'à l'accoutumée un soir dans la semaine avec votre famille au lieu de vous ruer sur la télévision. Vous ne manquerez pas d'en observer très vite les bénéfices. À coup sûr, cette expérience positive vous incitera à oser bientôt un autre changement. Et puis un autre. Et encore un autre. La réponse à l'urgence de ralentir !

De fil en aiguille, à votre rythme, vous parviendrez ainsi à lever le pied. Et qui sait si vos voisins, vos collègues, vos parents, constatant à quel point la lenteur déconnectée vous va bien, n'auront pas envie de vous suivre dans cette aventure… Vaine utopie ? Et alors !

N'y a-t-il rien d'autre à opposer à l'ennui que l'action ? Maintenant, pour échapper à cette modernité liquide nous faisant perdre le sens de nos actions, vous savez mieux que quiconque qu'il existe une autre façon de vivre ensemble et en harmonie. En effet, la perte de sens nuit gravement à la perte de temps. Probablement qu'un jour, on aura oublié qu'avant le tchat et l'image 3D, beaucoup savaient s'appeler et se voir pour prendre un verre ensemble !

Malgré tous nos dérapages face à l'évolution de notre société vers plus de vitesse, la pratique de l'art de la lenteur nous explique que cette voie difficile comporte aussi bien des plaisirs et du sens.

Long, long est le chemin qui mène à ce lent demain, mais avançons ensemble.

Maintenant, que la lecture de ce livre est terminée, quelles décisions auriez-vous envie de prendre afin de modifier votre relation au temps ?

Comment comptez-vous vous y prendre pour décélérer ?

Quand commencent vos résolutions ?

Bibliographie

Ariès Paul, « Des villes lentes, vite ! », *La Décroissance*, n° 47, mars 2008.

Bauman Zygmunt, « Vivre dans la "modernité liquide" », propos recueillis par Xavier de la Vega, *Revue Sciences Humaines*, n° 165, novembre 2005.

Ced, *Un an sans internet. Journal d'une expérience*, Makaka, Saint Étienne de Fontbellon, 2011.

Crouzet Thierry, *J'ai débranché : comment revivre sans internet après une overdose*, Fayard, Paris, 2012.

Foucault Michel, *Surveiller et punir*, Gallimard, Paris, 1975.

Heidegger Martin, *Essais et conférences*, Gallimard, Paris, 1958.

Honoré Carl, *In Praise of Slowness*, Harper Collins, San Francisco, 2004.

Ravages, dossier « Slow », n° 7, JBZ & Cie, 2011.

Rosa Hartmut, *Accélération. Une critique sociale du temps*, La Découverte, Paris, 2010.

Jonas Hans, *Le Principe de responsabilité*, Flammarion, Paris, 1979.

Kundera Milan, *La Lenteur*, Gallimard, Paris, 1995.

Roche Loïk, Sadowsky John et Steiler Dominique, *Slow Management, l'éloge du bien-être au travail*, Presses universitaires de Grenoble, Grenoble, 2010.

Petrini Carlo, *Bon, propre et juste*, Yves Michel éditions, Barret-sur-Méouge, 2006.

Petrini Carlo, *Slow Food, Manifeste pour le goût et la biodiversité*, Yves Michel éditions, Barret-sur-Méouge, 2005.

Petrini Carlo, *Terra Madre*, Alternatives, Paris, 2011.

Richardson Diana, *Slow Sex ; faire l'amour en conscience*, Almasta, Genève, 2013.

Szerman Stéphane et Menétrey Sylvain, *Slow Attitude ! Oser ralentir pour mieux vivre*, Armand Colin, Paris, 2013.

Szerman Stéphane, *Le Guide du bien-être*, Robert Laffont, Paris, 2001.

Szerman Stéphane, *Vivre et revivre*, Robert Laffont, Paris, 2005.

Virilio Paul, *Le Grand Accélérateur*, Galilée, Paris, 2010.

Sites utiles

Slow Food international : www.slowfood.com
Slow Food France : www.slowfood.fr
Cittaslow international : www.cittaslow.org.uk

Toutes les villes Cittaslow dans le monde :
www.cittaslow.net
Ville de Sebastopol : www.cittaslowsebastopol.org
Wwoofing en France : www.wwoof.fr
Wwoofing international : www.wwoofinternational.org
Journée de la lenteur : www.journeedelalenteur.com
Site de référence Digital Detox : www.ladigitaldetox.com

Séjour Digital Detox :
Dans le Bordelais : www.chateaulagraviere.com
Dans l'Allier, à Vichy : www.vichy-spa-hotel.fr
En Bretagne : www.beltaine.fr
À Paris : www.thewestinparis.fr/digital-detox
À Toulouse : www.keywe.fr
Dans le monde : www.voyageursdumonde.fr
Slow Tourisme : www.slowtourism.fr
Le Slow Tourisme en France : www.destination-regions.org

Tourisme lent sur mesure : www.terra-mundi.com
et www.babel-voyages.com
Université du tourisme durable : www.tourisme-durable.org
École de management de Grenoble :
www.grenoble-em.com

POUR ALLER PLUS LOIN

Quelques évènements intéressants à noter autour de la Slow Food :

- Tous les mois de septembre se tient à Brà, dans le Piémont italien, berceau de l'organisation, la plus grande manifestation mondiale en faveur des **fromages au lait cru** attirant chaque année plus de 250 000 visiteurs.
- Le « **Terra Madre Day** » réunit les plus de 2000 communautés du réseau de Terra Madre pratiquant une agriculture et une pêche artisanales, ainsi qu'une production alimentaire de qualité dans le monde entier.
- Enfin, Slow Food organise tous les deux ans le **salon du Goût** au Lingotto de Turin auquel participent de grands chefs culinaires et des producteurs locaux qui vendent leurs produits, organisent des dégustations et participent à des forums de discussion.

Les auteurs

Stéphane Szerman est psychothérapeute à Paris, spécialisé dans la gestion du stress et la valorisation du bien-être. Après des études de Philosophie et de Psychologie, en tant qu'expert-consultant, il a écrit « Le guide du Bien-être » et « Vivre et revivre » chez Robert Laffont, et coécrit « L'art de la lenteur » chez Milan et « Slow attitude ! » chez Armand Colin.

Isabelle Gravillon est journaliste spécialisée en psychologie et santé. Elle collabore à Femme Actuelle, Notre Temps, Télé Star et l'École des Parents. Elle est coauteure d'une dizaine d'ouvrages aux éditions Albin Michel et Milan, en collaboration avec des psychologues et psychiatres.

Delphine Le Guerinel est consultante en Ressources Humaines spécialisée dans la création d'évènements de cohésion d'équipe et de développement des talents personnels au service d'un « mieux vivre ensemble ». Auteur de l'essai « Le travail à l'heure du multi-emploi » aux Éditions Universitaires Européennes, elle œuvre pour remettre l'humain en responsabilité et au cœur de l'entreprise.

77592 - (I) - OSB LAC 80° - BPA- EMR
Dépôt légal : mars 2018
Imprimé en Italie par Grafica Veneta S.p.A,
Trebaseleghe (PD)